Freund Hund · Band 32

Herausgegeben unter dem Patronat und im Auftrag des
Verbandes für das Deutsche Hundewesen e. V. (VDH)

Gesundheitsfibel für Hunde

Ein Ratgeber für Hundehalter

Von Dr. Hans-Otto Schmid

D1735888

Zweite, völlig neubearbeitete Auflage
Mit 15 Abbildungen

Verlag Paul Parey · Hamburg und Berlin

Die erste Auflage erschien im Otto Meißners Verlag,
Schloß Bleckede a. d. Elbe

CIP-Kurztitelaufnahme der Deutschen Bibliothek

Schmidtke, Hans-Otto:
Gesundheitsfibel für Hunde : e. Ratgeber für
Hundehalter / von Hans-Otto Schmidtke. – 2.,
völlig neubearb. Aufl. – Hamburg ; Berlin :
Parey, 1984.
(Freund Hund ; Bd. 32)
1. Aufl. im Verl. Meissners, Schloss Bleckede
a. d. Elbe
ISBN 3-490-13219-X
NE: GT

Das Werk ist urheberrechtlich geschützt. Die dadurch begründeten Rechte, insbesondere die
der Übersetzung, des Nachdrucks, des Vortrags, der Entnahme von Abbildungen, der
Funksendung, der Wiedergabe auf photomechanischem oder ähnlichem Wege und der
Speicherung in Datenverarbeitungsanlagen, bleiben, auch bei nur auszugsweiser Verwertung,
vorbehalten. Werden einzelne Vervielfältigungsstücke in dem nach § 54 Abs. 1 UrhG
zulässigen Umfang für gewerbliche Zwecke hergestellt, ist an den Verlag die nach § 54
Abs. 2 UrhG zu zahlende Vergütung zu entrichten, über deren Höhe der Verlag Auskunft
gibt. © 1984 Verlag Paul Parey, Hamburg und Berlin. Anschriften: Spitalerstraße 12, 2000
Hamburg 1; Lindenstraße 44–47, 1000 Berlin 61. Printed in Germany by Westholsteinische
Verlagsdruckerei Boyens & Co., Heide/Holstein. Umschlaggestaltung: Evelyn Fischer

ISBN 3-490-13219-X

Vorwort zur zweiten Auflage

Ein Leben ohne Hund im Haus kann ich mir gar nicht vorstellen, denn es war und ist seit früher Kindheit immer – mindestens – einer da. Als Tierarzt für Hunde und andere Kleintiere erfährt man, was Neulinge in der Hundehaltung fragen und wissen möchten. Aus diesen privaten und beruflichen Erfahrungen schöpft dieses kleine Buch. Es soll notwendige und erwünschte Informationen geben, und es will helfen, daß Herrchen und Frauchen ebenso glücklich mit ihrem Vierbeiner werden wie dieser mit ihnen – möge es dabei erfolgreich sein!

Karlsruhe, im März 1984   Hans-Otto Schmidtke

Inhalt

Einleitung

Dieses kleine Buch will dem Hundefreund Ratschläge geben, wie er seinen Hund gesund und kräftig aufziehen, halten und erhalten kann. Wer einen Hund besitzt und sich ein Büchlein wie dieses kauft, braucht zweifellos nicht an die Verpflichtung erinnert zu werden, die er übernommen hat, als er ein lebendiges Geschöpf in seine Obhut und damit in seine Verantwortung übernahm. Aber damit, daß man sein Tier liebt und nicht vernachlässigt, ist es noch nicht getan. Außer Zuneigung und Verantwortungsbewußtsein braucht der Hundehalter auch einige Kenntnisse, wenn er will, daß Herr und Hund miteinander zufrieden sein können.

Viele dieser zur erfolgreichen Hundehaltung notwendigen und nützlichen Kenntnisse leiten sich unmittelbar von der Tatsache ab, daß unser „Astor", mag er ein noch so nahverbundenes Familienmitglied sein, ein Hund, ein Tier ist und kein stummer Mensch, daß er, durch seine Herkunft von wildlebenden Wölfen, andere Bedürfnisse – besonders im Hinblick auf Nahrung und Bewegung – hat als wir. Es wäre für viele Hunde von Vorteil, wenn sich alle Herrchen und Frauchen öfter daran erinnerten.

Darüber hinaus aber soll in diesem Buch mehr von Vorbeugen als von Heilen, mehr von Gesundheit als von Krankheit die Rede sein. Vorbeugen kann man als Hundebesitzer gut und gegen allerlei Gebrechen und Krankheiten. Ist aber unser vierbeiniger Freund doch einmal krank geworden, so kommt vor der Behandlung die Diagnose. Es ist ausgeschlossen, im Rahmen eines kurzgefaßten Ratgebers ein allgemein verständliches Lehrbuch der Diagnostik und Therapie der Hundekrankheiten anzubieten; der notwendigerweise lückenhafte, unvollkommene und daher stümperhafte Versuch dazu könnte nur schädlich sein.

Weil der Verfasser es gut mit den Hunden seiner Leser meint, wird man also keine Beschreibungen oder Abbildungen finden, die zur Selbst-Diagnose und möglicherweise zum Pfuschen verführen. Selbstverständlich sollen die wichtigsten Hundekrankheiten soweit abgehandelt werden, daß man versteht, worum es geht. Hinweise für vernünftiges Verhalten bei der „Ersten Hilfe" und Ratschläge für häusliche Pflegemaßnahmen sollen helfen, die Gesundheit unseres Vierbeiners so rasch wie möglich wieder herzustellen.

Wir schaffen uns einen Hund an

Ja, aber was für einen? Es ist für beide Teile wichtig, daß man vor der Anschaffung Wünsche und Möglichkeiten in Einklang zu bringen sucht. Das Bewegungsbedürfnis von kleinen Hunden ist geringer als das von großen, das von Windhunden größer als das von Bulldoggen. Futter, Haarpflege, die Größe des Liegeplatzes müssen vorher bedacht werden, wenn nicht später der Hund zu kurz kommen oder sein Besitzer überfordert werden soll.

Ob man einen Welpen anschafft oder einen schon älteren Hund, ist nicht immer eine ganz freie Entscheidung. Empfehlenswert ist die – auch traditionell übliche – Übernahme des Welpen im Alter von acht bis neun Wochen. Er ist dann von der Muttermilch entwöhnt und in der sogenannten Sozialisierungsphase, in der er sich am besten in die neue Familie, in die neue Ordnung und in die unentbehrliche Disziplin einzuordnen lernt. Der Erwerb eines älteren Hundes ergibt sich oft, wenn ein Tier übernommen werden muß, weil es vom Erstbesitzer – aus welchen Gründen immer – nicht mehr gehalten werden kann. Das hat zwar den Vorteil, daß der Hund schon aus dem Gröbsten heraus und stubenrein ist, aber die Eingewöhnung ist für beide Seiten nicht immer einfach, abhängig vom Vorleben des Hundes und seiner Veranlagung und auch vom erzieherischen Geschick des neuen Herrchens oder Frauchens.

Rassehund oder Bastard? Auch für den an Zucht und Ausstellungen nicht Interessierten empfiehlt sich die Anschaffung eines Rassehundes. Ausschlaggebend für diesen Rat ist weniger das Renommee oder die neueste Mode, sondern die Tatsache, daß man mit einem rassereinen Welpen sozusagen einen „Markenartikel" kauft. Man weiß, was man zu erwarten hat, wenn der Kleine mit Wachstum und Entwicklung einmal fertig geworden ist. Bei Mischlingen ist das anders; junge Hunde sind immer niedlich, aber wie sie später aussehen werden und wie ihr Charakter sein wird, bleibt jeweils abzuwarten. Es gibt hübsche und im Wesen reizende Bastarde, und wenn jemand einen solchen armen Teufel aus dem Hundeasyl befreien kann und will, so ist das richtig und schön. Empfehlenswert bleibt aber die Haltung und Zucht von Rassehunden. Daß Bastarde gegen Infektionskrankheiten, z. B. auch gegen die Staupe, widerstandsfähiger seien, ist erwiesenermaßen ein Märchen.

Von der Befreiung aus dem Hundeasyl abgesehen, soll man den Welpen in jedem Falle nur von seiner Hundemutter weg kaufen. Zum einen ist es aufschlußreich, vor dem Kauf die Mutterhündin und das Milieu der Welpenaufzucht zu sehen; vielleicht sieht man auch den Vater, kann die erwachsenen Verwandten nicht nur in der äußeren Erscheinung, sondern auch im Verhalten beobachten und bekommt so ein ungefähres Bild, wie dann der ersehnte neue Hausgenosse sein wird. Zum anderen aber hat man so die größte Sicherheit, einen gesunden Junghund zu bekommen. Wenn der Welpe von seiner Mutter getrennt wird, sollte er mindestens acht Wochen alt ein. Dringend sei vor dem Kauf eines Welpen bei einem Hundehändler gewarnt. Diese armen Tierchen stammen meist aus Zuchten, die lieblos und nur des Erwerbs wegen betrieben werden, kommen oft schon mit sechs Wochen oder noch früher in andere Hände, werden häufig von einem Händler zum anderen gegeben, legen in der Regel lange Reisen in der Expreßgutkiste zurück und das alles sozusagen im Babyalter. Kein Wunder, daß diese Strapazen, Futterumstellungen, aber auch Erkältungen und erhöhte Infektionsmöglichkeiten selten ohne ernsthafte Krankheit und Abmagerung überstanden werden. Wenn dann das kleine Häufchen Elend gar trotz aller Mühe bald an der Staupe oder der Parvo-Virose eingeht, dann ist die Absicht des Kaufes, sich und den Seinen damit eine Freude zu machen, gründlich mißglückt. Dazu kommt, daß der „Stammbaum" dieser Tiere meist ein nicht anerkanntes Dokument und damit wertloses Stück Papier ist. Also nochmal: Welpen kauft man beim Besitzer ihrer Hundemutter.

Wenn man keinen Züchter der gewünschten Rasse kennt, kann man vielleicht auf Ausstellungen Beziehungen anknüpfen, oder der örtliche „Verein der Hundefreunde" kann einem weiterhelfen. Die meisten der seriösen Hundezuchtvereine sind in der Bundesrepublik Deutschland dem Verband für das Deutsche Hundewesen e. V. (VDH), Postfach 1390 in 4600 Dortmund, angeschlossen, in unseren deutschsprachigen Nachbarländern dem Österreichischen Kynologenverband (ÖKV), Loidoldgasse 1/9, A-1080 Wien, oder der Schweizerischen Kynologischen Gesellschaft (SKG), Falkenplatz 11, CH-3012 Bern. Bei Anfrage empfehlen sie Interessenten an die richtige Adresse.

Fütterung und Pflege des Welpen und Junghundes

Lager

Zuerst braucht der kleine neue Hausgenosse seinen eigenen Schlaf- und Ruheplatz. Beschmutzen wird er sein Lager sicher nicht, es aber vielleicht mit der Zeit im Spiel zerreißen und zernagen. Am besten wartet man also mit der Anschaffung eines schicken Körbchens, bis er vernünftiger geworden ist, und macht ihm zuerst vielleicht einen halben steifen Karton mit einem Ausschnitt zum Aus- und Einsteigen zurecht. Wenn der Karton zerbissen ist, kann man ihn leicht ersetzen. Gegen die Kälte des Bodens legt man etwa ein Roßhaarkissen hinein und darauf irgendwelche warmen Textilien, in die sich der kleine Kerl kuscheln kann. Eine Schaumgummimatratze tut es auch, wenn sie einen stabilen Bezug hat. „Unverhüllter" Schaumgummi wird von kleinen Hunden nur zu gerne zerbissen und auch verschluckt, was ihnen dann gar nicht gut bekommt.

Auch ein Hund, der später draußen in einer Hütte wohnen soll und oder vielleicht auch bis jetzt in Zwinger oder Hütte gewesen ist, muß nun, da er allein ist, ins warme Haus. Wenn er in den ersten Nächten seine Mutter und Geschwister vermißt und weint, soll man zwar ab und zu nach ihm sehen und ihn streicheln, vor allem aber wird er die Wärme des Körperkontaktes vermissen. Man legt ihm dann eine Gummiwärmflasche in sein Lager, die es ihm schön warm und heimelig macht, und er wird bald ruhig werden und auch seine Leute zur Ruhe kommen lassen. Man soll den Welpen in dieser Situation nicht mit ins Bett nehmen. Erstens ist damit von vornherein ein Tabu gebrochen; man kann ihm das Ins-Bett-Wollen später schlecht abgewöhnen. Zweitens beginnt die Erziehung zum Allein-sein-können am besten schon jetzt und auf diese Weise. Wir kennen erwachsene Hunde, die nicht allein in der Wohnung bleiben wollen und stundenlang jaulen und bellen, und Ehepaare, die, um das zu vermeiden, jahrelang nur getrennt ausgehen können, weil immer einer beim Hund bleiben muß!

Mit diesem Plädoyer für das eigene und warme Lager ist nun nicht gesagt, daß man den Welpen verpimpeln soll. Er soll nach draußen, häufig, und auch in den Schnee, dann freilich nur für kurze Zeit. Bei kaltem Wetter soll er in Bewegung sein und nicht herumsitzen und zittern. So gewöhnt man ihn zugleich daran, seine Geschäfte draußen zu erledigen. Die ergiebigsten Zeiten sind jeweils unmittelbar nach dem

Muttermilch ist die beste Welpennahrung (Foto: L. Fiedelmeier)

Schlafen und nach dem Füttern. Setzt man den Welpen stets dann
hinaus, spart man sich viel Aufwischen. Langsam beginnt man dann
auch, ihn bei erfolgreichem Tun draußen zu loben und später erst, ihn
drinnen bei einem Malheur zu tadeln. Früher oder später wird unser
kleiner Freund stubenrein werden. Wir kennen keinen, der es schließlich
nicht gelernt hätte.

Fütterung

Unser Welpe ist ein Hundebaby. Er muß folglich *häufig* gefüttert
werden. Eine Welpe braucht bis zum Alter von vier Monaten vier
Mahlzeiten. Bis zu sieben Monaten wird er dreimal, bis zu einem Jahr
zweimal und dann nur einmal täglich gefüttert. Man gewöhnt den
Welpen gleich an bestimmte Fütterungszeiten, und man soll *nie* übrigge-
bliebenes Futter stehenlassen, sonst erzieht man sich selbst einen
schlechten Fresser. Er bekommt also sein Futter zur bestimmten Zeit,
und was nach 15 Minuten nicht verputzt ist, wird abserviert und unter
Umständen zur nächsten Mahlzeit wieder gereicht.

Futtermenge: Über die Menge des Futters lassen sich keine allgemein gültigen Angaben machen. Der Bedarf variiert nicht nur nach Rasse und Größe, sondern auch individuell. Man gebe also soviel, wie der Kleine gut aufnimmt. Ein Welpe soll nicht nur gut gedeihen und schnell wachsen, er soll auch rundlich sein und etwas Babyspeck haben. Auf seine „Linie" zu achten, hat Zeit, bis er etwa ein Jahr alt ist. Überschwer, ein Riesenbaby, soll er freilich auch nicht werden. Man weiß, daß gerade bei großen, schnellwüchsigen Rassen Übergewicht das Entstehen von einigen gefürchteten Skelettentwicklungsstörungen fördern kann.

Womit füttert man einen Welpen? Das Futter soll dickflüssig bis dünnbreiig sein und abwechslungsreich. Es besteht aus Grieß-, Reis- oder am besten Haferbrei, magerem Rinderhackfleisch, in das vielleicht ab und zu ein Eigelb hineingerührt wird, und roh geriebenem oder sonstwie zerkleinertem Obst und Gemüse. Die Haferflocken, wegen ihres Gehaltes an Mineralstoffen und Vitamin B das beste Nährmittel, müssen für Welpen gekocht werden, erst erwachsene Hunde können sie auch roh verdauen. Fleisch braucht – im Gegensatz zum Menschenbaby – auch schon der sehr junge Hund, es sollte mechanisch zerkleinert sein. Die Fleischart ist gleich, gegen Pferdefleisch gibt es keinen vernünftigen Einwand.

Schweinefleisch sollte niemals roh verfüttert werden. Grund für diesen Rat ist die Gefahr einer für Menschen ungefährlichen, für Hund und Katze aber tödlichen Virusinfektion (Aujeszkysche Krankheit). Handelsübliches Dosenfutter für Hunde kann, wenn es von der Standardqualität renommierter Firmen ist, ebenso wie Fleisch in dieser Mischung gegeben werden. Will man ab und zu ein Ei füttern, so darf nur das Eigelb roh sein. Das rohe Eiklar (Eiweiß) enthält einen Stoff, der eines der Verdauungsenzyme hemmt; Eiklar füttert man also nicht oder nur in gekochtem Zustand.

Roh zerkleinertes Obst oder Gemüse braucht auch der Fleischfresser Hund. Die roh geriebenen Möhren helfen nicht nur gegen das Überhandnehmen von Würmern, sondern sind als Vitamin- und Nährsalzquelle unentbehrlich. Auch Äpfel, Birnen, Tomaten, Salat, Gartenkräuter – jedes Obst und Gemüse mit Ausnahme des Kohles tun gute Dienste. Es gibt Hunde, die ganze Möhren wie Knochen zernagen,

dagegen ist nichts einzuwenden, nur kann ein Hundemagen die abge-
schluckten Stücke kaum verdauen, man soll also in jedem Fall das
Gemüse reiben oder sonst zerkleinern.

Kuhmilch ist als Allein-Nahrung nicht zur Welpenaufzucht geeignet, sie
ist viel eiweiß- und fettärmer als Hundemilch. Als Zusatz zur Nahrung
wäre sie gut und nützlich, wenn nicht sehr vielen Welpen und auch
vielen erwachsenen Hunden das Ferment zur Verdauung des Milchzuk-
kers fehlte. Unter solchen Umständen führt Kuhmilch zu Durchfall. Will
man das ansonsten wertvolle Milcheiweiß für die Hundeernährung
nützen, kann man mit Vorteil Quark oder auch Joghurt dem Futter
beigeben (darin ist der Milchzucker vergoren und verursacht keinen
Durchfall). Bei sehr kleinen Welpen kann man eines der fertigen
Trockenmilchpulver für Hunde nach Vorschrift zubereiten und pur oder
als Beigabe anbieten.

Fertigfutter: Bald kann man auch beginnen, Hundekuchen zu füttern,
eventuell in Form des sogenannten Welpenbrotes. Trockenfleisch ent-
haltende Fertigfutter sind für kleine Welpen noch nicht geeignet,
obwohl die Erfahrungen gewerblicher Züchter dafür sprechen, daß auch
Welpen mit Trockenfutter als Alleinnahrung aufzuziehen sind. Meines
Erachtens nicht empfehlenswert für kleine Welpen sind die unter verschiedenen Markennamen angebotenen hochkonzentrierten sogenannten Soft-moist-Futter. Dagegen soll man schon frühzeitig rohe Kalbs-
knochen anbieten, und zwar einen ganzen, auch wenn er groß ist. Was
der Welpe davon abnagen kann, das kann er auch gut verdauen.
Außerdem ist es ein herrliches Spielzeug für ihn. Bei der Fütterung von
zerkleinerten Knochen besteht dagegen die Gefahr, daß der kleine Kerl
ein Stück hinunterschluckt, das für seinen Schlund zu groß ist und sich
dann irgendwo festsetzt und einklemmt.

Kalk und Lebertran

Wie ein Menschenbaby braucht ein junger Hund außer dieser gehaltvol-
len und vitaminreichen Nahrung zusätzlich Kalk, damit er gesunde und
kräftige Knochen bekommt. Es gibt eine Reihe guter, für Hunde geeig-
neter Kalkpräparate, von denen man je nach Größe und Alter einen
halben Teelöffel bis drei Eßlöffel voll pro Tag ins Futter gibt. Das
Calcium (Ca) sollte in der Hundenahrung zum Phospor (P) im Verhält-

nis von 1,2 Ca zu 1,0 P stehen. Da Hunde über das Fleisch Phosphor in reichem Maße aufnehmen, sollte das Kalkpräparat viel Calcium und wenig Phosphor enthalten; deshalb sind Futterkalksorten, die für pflanzenfressende Großtiere bestimmt sind, für Hunde nicht geeignet.

Kleinen Hunden gibt man am besten Kalkpräparate, die für Kinder bestimmt sind und die man als Pulver ins Futter mischt oder als Tablette reicht. Solche Präparate werden wegen ihres süßen Geschmacks gern genommen und können geradezu als Belohnungshäppchen dienen. Bei größeren Hunden kann gutes, frisches Knochenmehl als zusätzliche Kalkquelle dienen.

Alle Fertigfutter und die meisten Kalkzubereitungen enthalten Vitamine, auch das Vitamin D in ausreichendem Maße, so daß sich zusätzliche Vitamingaben erübrigen. Will man, besonders bei großen, schnellwüchsigen Hunden, ganz sicher sein, so mag man wenig (einen halben bis einen Teelöffel pro Tag oder jeden zweiten Tag) reinen Medizinallebertran geben. Eine aufwendige Emulsion ist unnötig, aber erlaubt; dagegen sei von den sogenannten Tierlebertranen abgeraten, sie sind meist zweite Wahl. Reine Vitamin-D-Tropfen wie Vigantol® sind im Falle einer eingetretenen Rachitis in der Hand des Tierarztes ein ausgezeichnetes Heilmittel, für die Vorbeuge sind sie schädlich. Vitamin D im Überfluß ist beim Hund schier gefährlicher als ein Mangel.

Bei manchen Züchtern kleiner Rassen, besonders von Pudeln, besteht ein Vorurteil gegen Calcium und Lebertran: Die Hunde würden dadurch zu groß. Dem kann nicht energisch genug widersprochen werden: Mit optimaler Nährstoffzufuhr kann man kein Lebewesen größer machen, als es seiner Erbmasse entspricht. Das Gegenteil ist freilich möglich; man kann ein Lebewesen durch einen absichtlichen Mangel in der Ernährung kleiner halten, als es normalerweise würde. Das kann wohl kein Tierfreund wollen – züchterisch wäre es obendrein Selbstbetrug.

Beschäftigung, Bewegung, Pflege

Hunde sind Bewegungstiere, man gebe also schon dem Welpen ausreichend Gelegenheit, sich zu bewegen. Weil er anfangs schnell ermüdet, biete man ihm dies häufig am Tage, jeweils bis man merkt, daß er müde wird. Am geeignetsten sind Garten oder Parks, wo keine Kraftfahrzeuge in gefährlicher Nähe sind. Man merkt selbst, wenn der kleine Vierbeiner soweit ist, daß er sich an ein Halsband zu gewöhnen beginnt, so daß er – für zunächst kurze Wege – auch an der Leine geführt werden kann.

Spielzeug: Aber auch in der Wohnung sorge man dafür, daß er etwas zu tun hat, gebe ihm also etwas zu spielen. Außer dem schon erwähnten Knochen bietet sich käufliches Spielzeug an, wenn es so beschaffen ist, daß wirklich nichts daran abgenagt und verschluckt werden kann. Geeignet sind Gegenstände, die unser kleiner Vierbeiner kaputtmachen darf, was ihm den größten Spaß bereitet, und die zur Not verdaulich sind oder doch den Verdauungskanal passieren können, wenn evtl. etwas verschluckt wird – z. B. alte Lederhandschuhe oder auch käufliche Büffelhaut-,,Knochen". An einem irgendwo angebundenen Lappen kann er herrlich zerren. Gibt man dem Kleinen so etwas zu spielen, tut man nicht nur ihm einen Gefallen, sondern sorgt auch für die Erhaltung der eigenen Schuhe, der Teppich- und Gardinenfransen sowie der Sesselbeine.

Pflege: Wichtigstes Instrument zur Körperpflege ist eine Bürste, die täglich gebraucht werden soll und die je nach Haarart gewählt wird. Sie muß so hart sein, daß sie bis auf die Haut durchdringt, aber so weich, daß sie nicht die Haut reizt. In vielen Fällen wird eine Kunststoffbürste die richtige sein. Am besten gefallen mir (und meinen Hunden) die billigen, für die menschliche Kopfhautmassage bestimmten Polyäthylen-bürsten.

Die inneren Augenwinkel wischt man bei Bedarf mit einem Tuch oder Zellstoff-Taschentuch morgens trocken aus. Wenn nötig, reinigt man die Ohren – etwa alle vierzehn Tage – ebenfalls mit einem Zellstofftuch, soweit man mit dem Finger hineinkommt. Ist eine häufigere oder gründlichere Reinigung nötig, geht man zum Tierarzt, keinesfalls benutze man Instrumente oder wasche an Augen und Ohren herum.

Baden soll man junge Hunde zuerst möglichst nicht und später nicht öfter als alle Vierteljahr. Daß man Welpen überhaupt *nicht* baden dürfe, geht auf die Erfahrung zurück, daß sie sich nach dem Bad leicht erkälten und daß aus der Erkältung leicht die Staupe wird, wie bei uns aus dem Schnupfen die Grippe. Darum ist es besser, man wartet mit dem Baden bis nach der Impfung. Dann aber darf ein Welpe durchaus einmal gebadet werden, am besten mit einem (Hunde-)Shampoo, das die Haut nicht entfettet, nie mit irgendeinem Feinwaschmittel. Nach dem Bad muß er schön trockenfrottiert, eingewickelt oder im Winter an die Heizung gesetzt werden, bis er ganz getrocknet ist. Nicht berührt von der Regel – nur alle drei Monate – wird das Baden und Schwimmen im freien Gewässer in der warmen Jahreszeit. Dort darf ein Junghund ab einem Alter von vier Monaten so oft baden, wie er will; man muß nur darauf achten, daß er sich hinterher trockenläuft.

Scheren: Bei Rassen, die geschoren werden, sei man damit besonders in der kalten Jahreszeit zurückhaltend. Vier bis fünf Monate muß der kleine Kerl alt sein, ehe es erfolgt, und im Winter sollen die kurzen Partien ,,halblang" geschnitten werden und nicht ganz kurz wie im Sommer.

Mit Hundedecken oder Pullovern fängt man am besten gar nicht erst an. Bei bestimmten Krankheiten sind sie nützlich, gesunde Hunde aber werden nur aus dem natürlichen Gleichgewicht ihres Wärmehaushaltes gebracht und erkälten sich dann um so leichter. Allenfalls nach kurzer Schur im Winter ist so ein Deckchen in den ersten Tagen vertretbar, besser ist, wie gesagt, man läßt im Winter nicht ganz kurz scheren.

Besondere Krankheitsvorbeuge

Impfen

Es ist erfreulich zu sehen, in welchem Maße seit jener Zeit, in der die erste Auflage dieses Büchleins erschien, die Zweckmäßigkeit und Notwendigkeit von Schutzimpfungen von den Hundehaltern akzeptiert worden ist. Wirksamkeit und Unschädlichkeit der modernen Impfstoffe haben offenbar überzeugt. Von den unwirksamen, auf Aberglauben beruhenden Hausmitteln, an die sich nur noch die Älteren unter uns besinnen, ist gottlob nichts mehr zu hören.

Bevor wir auf die einzelnen Krankheiten eingehen, gegen die es einen Impfschutz gibt, sollen einige grundsätzliche Fragen zur Impfvorbeuge beantwortet werden:

Impfen überhaupt? Müssen wir nach wie vor gegen Krankheiten impfen, wenn diese – dank des Impfschutzes – so selten geworden sind, daß wir

Im Wartezimmer

ihnen kaum noch begegnen? Die Antwort ist leider: Ja. Bei keiner der Hundekrankheiten sind wir so weit wie etwa bei den menschlichen Pocken, bei denen neuerdings auf Impfung verzichtet werden kann. Eine zufällige Virusinfektion würde sich unter nicht geimpften und folglich nicht immunen Hunden rasend schnell und vielfach tödlich ausbreiten.

Impfalter: In welchem Alter sollen Welpen zum erstenmal geimpft werden? Grundsätzlich so früh wie möglich, denn gerade der „kindliche" Organismus ist für die meisten Infektionen besonders empfindlich, wenn er nicht immun ist. Andererseits sind gottlob die meisten Saugwelpen immun, weil sie von ihrer Mutter, zum kleinen Teil im Mutterleib, zum größeren mit der Muttermilch der ersten Tage, der sogenannten

Kolostralmilch, fertige Antikörper übertragen bekommen haben. Sie verfügen mithin über eine „passive Immunität", ähnlich wie nach einer Seruminjektion, die einen sofortigen, wenn auch nur kurzfristigen Schutz bewirkt.

Eine solche passive Immunität ist als Schutz vor Ansteckung für die Welpen höchst nützlich, leider „schützt" sie aber auch vor dem Impfvirus selbst (die Bildung eigener Abwehrstoffe – „aktive Immunität" – unterbleibt), d. h. die Impfung während dieser mütterlichen Immunität ist zwar unschädlich, aber nutzlos. Man müßte also zum erstenmal impfen, just wenn die mütterlichen Antikörper nicht mehr wirksam sind. Diesen Zeitpunkt kann man nur schätzen, er liegt für die Staupe bei einem Lebensalter von etwa acht Wochen, für die Parvovirusinfektion vermutlich beim Alter von elf oder zwölf Wochen.

Impfrhythmus: Muß man die Impfungen wiederholen, wenn ja, warum und in welchen Abständen? Die Erstimpfung der Welpen gegen alle durch Impfungen zu verhütenden Krankheiten (außer der gegen die Tollwut) sollte zweimal im Abstand von vier Wochen geschehen; das erstemal also mit etwa acht, das zweitemal mit 12 Wochen. Grund dafür ist das im Abschnitt „Impfalter" Gesagte: Diejenigen, deren mütterliche Antikörper bis acht Wochen reichen, möchte man schon jetzt schützen, bei den anderen erreicht man die Bildung der aktiven Immunität durch die zweite Impfung mit zwölf Wochen.

Leider hält die aktive Immunität zwar länger als die nur für Wochen vorhaltende passive, aber auch sie schützt nicht, wie man einmal gehofft hatte, lebenslang, sondern nur für ein Jahr gegen Tollwut, Parvovirose und Leptospirose, zwei Jahre gegen Staupe und ansteckende Leberentzündung. Daraus ergibt sich, daß lebenslang gegen die beiden erstgenannten jährlich, gegen die anderen in zweijährigem Abstand nachgeimpft werden muß.

Impfschema: Kurz zusammengefaßt, ergibt sich folgendes Impfschema:

Erstimpfung im Alter von etwa acht Wochen gegen Staupe, ansteckende Leberentzündung, Leptospirose, Parvovirose.

Wiederholung im Alter von zwölf Wochen gegen Staupe, ansteckende Leberentzündung, Leptospirose, Parvovirose, dabei Erstimpfung (einmal genügt) gegen Tollwut.

Eventuell gegen Parvovirose mit 14 Wochen noch einmal oder statt mit
zwölf mit 14 Wochen.

Wiederholung jährlich gegen Tollwut und Parvovirose, eventuell Leptospirose.

Wiederholung jedes zweite Jahr gegen Staupe und ansteckende Leberentzündung.

Welche Art von Impfstoff gewählt wird, kann man dem Tierarzt überlas-
sen. Ob sogenannte lebende oder abgetötete Impfstoffe verwendet
werden, ist hinsichtlich der Tollwut vom Gesetzgeber für den abgetöte-
ten entschieden, sonst aber von eher akademischem Interesse, wie
andere Unterschiede zwischen den Impfstoffen auch.

Impfungen gegen eine Reihe von Viren, die zu einer mit dem nicht
wissenschaftlichen Namen „Zwingerhusten" bezeichneten Erkrankung
führen, sind in größeren Zwingern oft ratsam; wie auch in manchen
Beständen der Einsatz von Serumpräparaten, die Antikörper enthalten,
für eine kurzzeitige passive Immunisierung sinnvoll sein kann. Der
Halter von Einzelhunden hat damit keine Sorgen.

Leider sind die Impfungen nicht ganz billig, und wenn man bedenkt,
daß wir unsere Hunde nun schon gegen fünf Krankheiten impfen
müssen, erscheint das als ein gewisser Aufwand. Man kann aber, je
länger die Erfahrung reicht, um so sicherer sagen, daß alle diese Impfungen nötig, unschädlich und wirksam sind, so daß sie sich nicht nur durch
das Verhüten von Krankheit, Tod und Kummer, sondern – verglichen
mit den Kosten, die im Krankheitsfalle entstünden – auch durchaus
rechnerisch-materiell auszahlen.

Entwurmen

Nächst der Impfung ist eine Wurmkur nach dem Erwerb eines Welpen
unerläßlich. Junge Hunde haben häufig Spulwürmer – über die im
entsprechenden Kapitel mehr gesagt wird – und die man auch auf
Verdacht bekämpfen soll, damit diese unappetitlichen Dinger nicht die
gesunde Entwicklung unseres Hundes stören.

Das soll auch dann geschehen, wenn der Züchter schon eine Wurmkur gemacht hat, man wiederholt sie in dreiwöchigem Abstand mehr-
mals. Das Wurmmittel läß man sich am besten vom Tierarzt geben oder
verschreiben, er kennt und hat Mittel, die die Würmer sicher vertreiben,

ohne daß der Hund durch die Kur geschwächt würde, hungern müßte oder Abführmittel brauchte.

Wichtig ist, daß der Kot in dieser Zeit restlos entfernt wird, weil durch das Auflecken von Kot, der Würmer und deren Eier enthält, eine Neu-Invasion eintreten kann. Gewarnt sei vor überholten, keiner strengen Qualitäts- und Wirkungskontrolle unterliegenden Wurmmmitteln, wie sie noch immer nur zu freigebig verkauft werden. Diese Mittel schädigen nicht selten den Hund mehr als seine Würmer.

Die Haltung des erwachsenen Hundes

Fütterung

Der Speisezettel des erwachsenen Hundes entwickelt sich aus den für die Welpen gegebenen Empfehlungen.

Wichtigstes Nahrungsmittel ist das Fleisch. Im Regelfall sollte das Fleisch gekocht sein. Ist es hygienisch einwandfrei, kann man es auch roh füttern, und wer will, darf auch mal gebratenes geben. Daß Schweinefleisch wegen der tödlichen Aujeszkyschen Krankheit nie roh gefüttert werden darf, haben wir schon bei der Welpenfütterung festgestellt. Neben dem Muskelfleisch sind alle Innereien, wie z. B. Leber, Herz, Milz, Nieren oder Pansen, als Abwechslung zu empfehlen. Lunge dagegen ist arm an Nährwerten und soll nur im Notfall als Hundefutter dienen. Dabei sollte bedacht weden, daß Leber und Milz im rohen Zustand zu heftigen Durchfällen führen können und daß der fasergewebereiche Pansen nur für robuste Hunde mit intakten Verdauungsorganen geeignet ist.

Es darf Fleisch aller Tierarten verfüttert werden. Auch Pferdefleisch ist durchaus empfehlenswert und obendrein noch billiger als anderes. Die häufigere oder regelmäßige Gabe von fettem Schweinefleisch ist manchmal Ursache von Hautkrankheiten, deshalb muß man damit vorsichtig sein. Das gleiche gilt für das Abfall- oder Kleinfleisch, das man billig beim Metzger bekommt und das meist vorwiegend aus fetten Schweinefleischteilen, aber z. B. auch Ohren besteht.

Liest man moderne Fütterungsanweisungen für Hunde, so sind Knochen ganz „out". Das kann nur für zu viele, für harte und für splitternde Knochen gelten. Knochen zernagt jeder Hund gern, sie sollen auch gegeben werden, aber sie sind kein Ersatz für das Fleisch. Es gibt Hunde, die nach Knochen leicht erbrechen, und andere, die danach unter Verstopfung leiden. Das muß man ausprobieren und die Menge danach einrichten. In jedem Fall sind die Knochen roh am gehaltvollsten und am besten verdaulich. Daß Röhrenknochen von alten Suppenhühnern wegen ihrer Splitterbildung gefährlich sind, ist allgemein bekannt. Die weichen Knochen von jugendlichen „Gummiadlern", also allen Arten von Brathähnchen, die ein Mensch zerbeißen und mitessen könnte, verträgt auch ein Hund.

Verboten sind Hammelknochen und Wirbelknochen, besonders gebraten (Kotelett), sie sind hochgefährlich und führen nicht selten zu Verstopfungen mit Knochenkot im Mastdarm, wenn sie nicht schon vorher, etwa im Schlund, steckengeblieben sind. Also: wenn Knochen, dann weiche, mit Maßen und in der Form, daß der Hund sie zerkauen muß und nicht ungekaut verschlingen kann.

Nährmittel: Neben dem Fleisch als Eiweißträger sind Nährmittel für das Angebot an Kohlenhydraten in der Hundenahrung wichtig. Da sie bei der Verdauung zu Traubenzucker umgewandelt werden, sind sie die Quelle von Kraft und Energie – gibt man sie aber im Übermaß, dann führen gerade sie mehr als andere Nahrungsmittel zum Fettansatz.

Wie schon erwähnt, sind Haferflocken wegen ihres zusätzlichen Gehaltes an Vitamin B und Mineralsalzen den anderen Nährmitteln wie Reis und vor allem den Teigwaren, also etwa Nudeln, vorzuziehen. Einem erwachsenen Hund gibt man die Haferflocken am besten kurz überbrüht oder mit kalter Flüssigkeit gequollen, mithin roh. Noch besser sind sogenannte Hundeflocken, weil sie außer der Stärke einen erhöhten Gehalt an Vitaminen und Salzen besitzen und zur Steigerung der Verdaulichkeit vorgeröstet sind. Auch sie werden roh verfüttert, bei Flüssigkeitszusatz lösen sie sich sofort zu Brei, brauchen also keine Einweichzeit. Gibt man zur Abwechslung einmal Reis, muß dieser natürlich gargekocht werden.

Obst, Gemüse: Als dritten wesentlichen Nahrungsbestandteil braucht der erwachsene Hund, nicht anders als der Welpe, etwas roh geriebenes Obst oder Gemüse. Warum? Der Wolf geht doch nicht aufs Feld, um sich einige Möhren zu ziehen? Nein, aber alle Raubtiere fressen bei ihren Beutetieren, die meist Pflanzenfresser sind, auch die Eingeweide nebst Inhalt. So decken sie ihren Bedarf an vegetabilischen Stoffen, die sie dort zerkleinert und vorverdaut vorfinden. Das können wir unseren Hunden in der Regel nicht bieten. Unsere Beigabe von Obst und Gemüse ist also ein Versuch, die natürlichen Verhältnisse zu simulieren. Wie schon gesagt, sind alle Gemüse- und Obstarten außer den Kohlsorten gut geeignet, in mechanisch zerkleinertem Zustand, also gerieben oder gehackt, roh dem Futter zugesetzt zu werden.

Die Milch – Eiweiß, Kohlenhydrate und Fette enthaltend – ist auch für Hunde ein ausgezeichnetes Nahrungsmittel, obwohl sie natürlich bei sonst guter, fleischreicher Nahrung entbehrt werden kann. Bei Hunden, die nach Milch Durchfall bekommen, weil ihnen das milchzuckerspaltende Ferment fehlt, muß man auf sie verzichten. Wird Milch gut vertragen und kann und will man sie dem Hund spendieren, dann ist sie sehr zu empfehlen. Quark und Joghurt werden gut verdaut, wenn sie angenommen werden, Magerquark ist sogar ein Diätetikum bei Verdauungsstörungen.

Fertigfutter: Als zusätzliche Mahlzeit ist der Hundekuchen in seinen verschiedenen Arten und Formen ein gutes Nahrungsmittel. Man weiß, daß die Herstellerfirmen sich mit der Zusammensetzung dieses Gebäcks große Mühe geben und daß es viele notwendige Nahrungsstoffe enthält.
Mehr und mehr haben sich auch bei uns Fertigfutter durchgesetzt. Es gibt Dosenfutter, Trockenfutter und die sogenannten „soft moist"-Futtermittel. Beim Dosenfutter gibt es solche, die nur Fleischprodukte enthalten und die also der Ergänzung durch Nährmittel bedürfen, während andere Fleischprodukte, Nährmittel und Gemüse enthalten und mithin als Alleinfutter geeignet sind. Trockenfutter enthalten Trockenfleisch, Getreideflocken und Trockengemüse. Man reicht sie trocken (bei reichlichem Wasserangebot) oder läßt sie mit Wasser zum Brei quellen. Die „soft moist"-Futter – kleine Ringe oder Chips – bestehen aus Fleisch und Nährmitteln. Ihnen ist ein Teil des Wassers entzogen, und sie sind halbweich, daher der Name. Sie sind als Alleinfutter konzipiert, werden aber wohl meist nur zusätzlich gefüttert. Ihre Qualität ist in der Regel gut, wegen ihrer Konzentration sieht man ihnen ihren Nährstoffreichtum nicht an. Die Gefahr besteht, einen Hund zu überfüttern, einfach weil man sich nicht klarmacht, daß drei oder vier Ringel-

chen einer Handvoll Frischfleisch entsprechen würden; so werden dann manche Hunde zu fett.

Davon abgesehen, hat die Hundefutterindustrie inzwischen einen solchen Qualitätsstandard erreicht, daß man Fertigfuttern namhafter Firmen vertrauen und seinen Hund auch ausschließlich mit Fertigfutter versorgen kann. Man ernährt ihn damit bestimmt besser als nur mit Resten von unserem Tisch. Wer aber Abwechslung bieten will, mag es zum Teil mit selbst zusammengestelltem Futter tun, wenn er die hier angeführten Regeln beherzigt.

Speisereste: Der Fütterung mit Speiseresten vom häuslichen Tisch wird dagegen ausdrücklich widerraten. Es schadet natürlich nichts, wenn ein Hund mal Speisereste erhält, aber wenn es zur Regel wird, bekommt er zuwenig Fleisch, zuviel Fett, zuviel Gewürze und zu wenig Vitamine. Will man gelegentlich Kartoffeln geben, muß man sie ganz zermusen, in Stücken werden sie nicht verdaut.

Süßigkeiten soll man Hunden nicht geben. Das wissen auch die Besitzer, die es mit mehr oder weniger schlechtem Gewissen doch tun. Den Augen, wie immer gemeint wird, schadet es freilich nicht, eher den Zähnen. Der Hauptnachteil ist, daß die vitamin- und nährsalzlosen Kohlenhydrate den Raum wertvoller Nahrung einnehmen und außerdem unseren Hund zu dick werden lassen, ja manchmal geradezu mästen.

Gewürze: Entgegen weit verbreiteter Ansicht sollen Hunde *nicht* salzlos ernährt werden. Das überrascht viele Hundehalter, die mit besonderem Stolz dem Tierarzt von salzloser Ernährung berichten und nun glauben, alles zur Gesunderhaltung des Hundes getan zu haben. Hunde haben wie der Mensch und wie alle Tiere (man denke an Salzlecksteine für Weide- und Wildtiere) ein Bedürfnis nach Salz und brauchen es in ihrem Stoffwechsel. Das gilt in besonderem Maße für ältere Hunde, die häufig bestimmte Nierenschäden haben, die sie dann besonders salzbedürftig machen. Natürlich muß das Salz dem Futter nur in geringen Mengen zugesetzt werden, nicht im Übermaß, wie es manche Menschen für sich oder Gastwirte im Hinblick auf ihren Getränke-Umsatz verwenden.

Futtermenge: Die Erhaltung einer guten, schlanken Figur ist bei Hunden noch weit mehr als bei Menschen weniger eine Frage der Ästhetik, als vielmehr eine der Gesundheit und der Lebenserwartung. Hautkrankheiten, besonders aber Herzkrankheiten und asthmatische Beschwerden quälen zu fette Hunde und führen zu einem frühen Tode – der zu vermeiden gewesen wäre, wenn bei der Liebe von Frauchen und Herrchen die Vernunft etwas mitgesprochen hätte.

Maßzahlen lassen sich für die richtige Futtermenge nicht geben, sie muß nach dem Bedarf und der Figur dosiert werden. Beginnt ein Hund, zu dick zu werden, so helfen alle sogenannten Schlankheitsmittel nicht. Der einzige Rat heißt: mehr Bewegung und ,,fdH'' = friß die Hälfte, also Einschränkung des Futters. Vor allem müssen, wie auch verständlich, die Nährmittel, also die Kohlenhydrate, eingeschränkt oder ganz gestrichen werden, ebenso die konzentrierten Fertigfuttermittel. Fleisch und Gemüse führen die notwendigen Nährstoffe zu, ohne fett zu machen.

Wasser: Selbstverständlich soll ein Hund immer frisches Trinkwasser zur Verfügung haben.

Pflege

Bewegung: Bedenken wir nun, was sonst zur Gesunderhaltung des Hundes gehört, so sei zunächst nochmals auf die notwendige Bewegung hingewiesen, die der Nachfahre beutejagender Raubtiere braucht. Der Weg an der Leine zum Kaufmann tut es nicht, jeder Hund sollte täglich Gelegenheit haben, irgendwo draußen frei zu springen und zu toben. Bei großen Hunden, deren Laufbedürfnis die Fähigkeiten des Halters weit übersteigt, ist gegen vernünftiges Laufenlassen neben dem Fahrrad gar nichts einzuwenden. Das Gegenteil, Schaden durch Überanstrengung, kommt unverhältnismäßig viel seltener vor, allenfalls einmal bei passionierten Jagdhunden.

Körperpflege: Bei der allgemeinen Körperpflege ist die Bürste das wichtigste Requisit, das täglich gebraucht werden sollte. Auf die notwendigen Eigenschaften der Bürste – hart genug, um die Haut zu erreichen, weich genug, sie nicht zu reizen – wurde schon hingewiesen.

Das Baden geschieht möglichst selten, nicht häufiger als alle drei Monate. Zu oft gebadete Hunde erkennt man an ihrem stumpfen, wolligen Fell, das um so mehr neuen Schmutz annimmt und deshalb womöglich zu immer häufigerem Baden Anlaß gibt. Als Bademittel sei für Sparsame Schmierseife, sonst ein ölhaltiges Shampoo empfohlen, damit die Haut nicht zu sehr entfettet wird. Eventuell können auch einige der käuflichen Hundeseifen verwandt werden, die meist flohtötende Zusätze haben. Vor allen Wäsche-Waschmitteln und Detergentien sei nochmals gewarnt. – Im Sommer im Freien darf der Hund baden, sooft er will, wenn es der Zustand der Gewässer erlaubt.

An den Augen und Ohren seines Hundes macht man sich am besten gar nicht erst zu schaffen. Man darf und soll, wenn nötig, morgens die inneren Augenwinkel trocken auswischen. Alle 14 Tage sollte man in die Ohren schauen und bei Bedarf trocken oder mit etwas Öl auswischen. Genügt dies nicht, überlasse man die Kleinigkeit dem Tierarzt, ehe man durch unangebrachte, wenn auch gutgemeinte Maßnahmen größeren Schaden angerichtet hat. Wässerige Flüssigkeiten, auch Borwasser und Kamillentee, tun an Hundeaugen und -ohren mehr Böses als Gutes.

Auch mit den Krallen eines Hundes, der genügend Bewegung hat und auch mal buddeln kann, hat man keine Arbeit. Sind sie jedoch einmal zu lang geworden, gehe man mehr mit dem Hund spazieren. Das Beschneiden der Krallen geschieht mit einer nicht quetschenden Spezialzange. Besonders muß auch die Daumenkralle, die sich beim normalen Laufen nicht abnutzt, beachtet werden. Wie weit man schneiden darf, ohne „ins Leben" der Kralle zu kommen, weiß der Tierpfleger oder der Tierarzt, man kann es sich zeigen lassen.

Gebiß: Wichtig ist, daß man ab und zu einmal das Gebiß seines Hundes kontrolliert. Welpen werden zahnlos geboren, bekommen nach einigen Wochen ohne Schwierigkeiten ihre Milchzähne, die sie im Alter von dreieinhalb bis vier Monaten zu wechseln beginnen. Im Alter von sechs Monaten ist der Zahnwechsel in der Regel beendet, das bleibende Gebiß ist komplett.

Zahnformel des Milchgebisses

$$\frac{P_3P_2P_1 \; C \; I_3I_2I_1}{P_3P_2P_1 \; C \; I_3I_2I_1} \quad \Bigg| \quad \frac{I_1I_2I_3 \; C \; P_1P_2P_3}{I_1I_2I_3 \; C \; P_1P_2P_3}$$

Also: in jeder Kieferhälfte drei Inzisiven = Schneidezähne, ein Caninus = Fangzahn, drei Prämolaren = Backenzähne, die die „Vorgänger" von $P_2P_3P_4$ des bleibenden Gebisses sind.

Zahnformel des bleibenden Gebisses

$$\frac{M_2M_1 \; P_4P_3P_2P_1 \; C \; I_3I_2I_1}{M_3M_2M_1 \; P_4P_{32}P_1 \; C \; I_3I_2I_1} \quad \left| \quad \frac{I_1I_2I_3 \; C \; P_1P_2P_3P_4 \; M_1M_2}{I_1I_2I_3 \; C \; P_1P_2P_3P_4 \; M_1M_2M_3} \right.$$

Also: in jeder Kieferhälfte drei Inzisiven = Schneidezähne, ein Caninus = Fangzahn, vier Prämolaren, von denen P_2P_3 und P_4 gewechselt wurden, oben je zwei und unten je drei Molaren = Backenzähne ohne Milchzahnvorgänger.

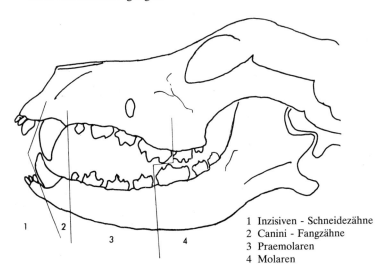

1 Inzisiven - Schneidezähne
2 Canini - Fangzähne
3 Praemolaren
4 Molaren

Der vierte Prämolar des Oberkiefers und der erste Molar des Unterkiefers sind die größten Backenzähne, stehen einander gegenüber und heißen Sectorius = Reißzahn.

Auch der Zahnwechsel geschieht meist ohne jede Schwierigkeit, die Wurzeln der Milchzähne werden abgebaut, und die wurzellos gewordenen Zähne fallen leicht aus. Manchmal – am häufigsten bei roten Langhaarteckeln und bei vielen Zwergrassen – funktioniert die Rückbildung der Wurzeln der Fangzähne nicht. Die bleibenden Fangzähne schieben sich dann neben den stehengebliebenen Milchfangzähnen heraus und werden durch diese in eine abnorme Stellung gedrückt. Beobachtet man das bei einem sechs Monate alten Hund, dann müssen die

Milchfangzähne von einem Tierarzt in leichter Narkose *mit* der Wurzel extrahiert werden. Die spröden Zähne abzubrechen, wäre nicht nur schmerzhaft, sondern wegen des Verbleibens der Wurzel auch unsinnig.

Bei der Kontrolle des bleibenden Gebisses entdeckt man nach einigen Jahren, früher oder später, zuerst an den Außenseiten der oberen Fangzähne, dann auf allen übrigen Zähnen einen harten braunen oder grauen Belag. Dieser Zahnstein bildet sich um so eher und stärker, je weniger der Hund sich beim Kauen harter Dinge selbst „die Zähne putzt". Fütterung von Knochen und harten Hundekuchen ist also die beste Vorbeuge. Dieser Zahnstein muß entfernt werden – am besten vom Tierarzt, der ihn auch von den hinteren Backenzähnen gründlich beseitigen kann. Geschieht das nicht, so sieht nicht nur das Gebiß schlecht aus, sondern es kommt bald auch zu üblem Mundgeruch. Am schlimmsten aber ist, daß der Zahnstein mehr und mehr das Zahnfleisch zurückschiebt; es entsteht ein Bild ähnlich der menschlichen Parodontose, und die Zähne fallen vorzeitig aus. Es ist immer bedauerlich, einen vielleicht neunjährigen Hund zu sehen, der nur übelriechende wackelnde Ruinen im Fang hat und der noch schöne Zähne haben könnte, wenn der Zahnstein, von Herrchen rechtzeitig erkannt, beseitigt worden wäre.

Manche Hunde, besonders Pudel, neigen so sehr zur Zahnsteinbildung, daß man um das Zähneputzen nicht herumkommt, will man nicht zu oft den Zahnstein entfernen lassen. Dieses Zähneputzen muß dann täglich geschehen, mit einer weichen Kinderzahnbürste oder einem grobgewebten Lappen und mit Schlämmkreide, die den gleichen Dienst wie Zahnpasta tut, billiger ist und ohne Schaden abgeschluckt werden kann. Vereinfacht wird die Sache dadurch, daß man sich bei Hunden vornehmlich oder ausschließlich mit der Außenseite der Zähne zu befassen hat.

Einiges über Läufigkeit, Trächtigkeit, Geburt und Pflege der Saugwelpen

Läufigkeit – unerwünschtes Decken

Etwa im Alter von sieben bis zehn Monaten wird eine Hündin zum erstenmal läufig. Das wiederholt sich dann alle sechs Monate, wobei gewisse Schwankungen normal sind. Viele Hündinnen werden auch im Alter von mehr als zehn Jahren regelmäßig läufig, manche in diesem Alter nur noch einmal jährlich, bei manchen hört die Läufigkeit ganz auf. Ein eigentliches Klimakterium gibt es nicht.

Die normale Läufigkeit dauert etwa drei Wochen. Zu Beginn schwellen die äußeren Geschlechtsteile an, und es stellt sich ein blutiger Ausfluß ein. Nach sieben bis zehn Tagen – die Schwellung hat inzwischen zugenommen – ändert der Ausfluß seine Farbe und wird nun klar oder trüb glasig. In dieser Phase, also etwa zwischen dem 11. und 15. Tag, führt ein Deckakt am sichersten zur Konzeption. Jetzt ist die Hündin am stärksten paarungsbereit und sucht nicht selten durch Ausreißen selbst die Gelegenheit dazu. Die Erscheinungen lassen dann wieder nach, und nach drei Wochen ist die Läufigkeit vorüber.

Will man eine Hündin decken lassen, was zum erstenmal mit anderthalb Jahren geschehen kann und später nur bei jeder zweiten Läufigkeit, also einmal jährlich, geschehen sollte, so wird man sie in den genannten Tagen dem Rüden zuführen.

Soll die Hündin nicht gedeckt werden, so soll man sie während der ganzen Läufigkeit hüten, am meisten in den genannten Tagen. Das sicherste Mittel gegen unerwünschte Bedeckung ist das Aufpassen; man hält die Hündin eingesperrt, alle Hausausgänge und Gartentüren geschlossen, wobei man an die Macht der Natur denke, die Rüde oder Hündin befähigen kann, auf abenteuerlichste Weise auch höchste Hindernisse zu überwinden. Beim Spazierengehen läßt man die Hündin nicht von der Leine.

Es gibt eine Reihe von Mitteln, die helfen können, dem Besitzer diese manchmal etwas unangenehme Zeit zu erleichtern. Es gibt Höschen, die verhüten, daß Kleckse in der Wohnung auf Boden und Teppiche kommen. Und es gibt Mittel, die den für Rüden anziehenden Geruch der Hündin beseitigen sollen. Die eine Gruppe von Mitteln wird äußerlich angewandt, eine Flüssigkeit wird auf Kruppe und Oberschenkel der Hündin gebracht, deren Geruch den der Hündin überdeckt und auf den Rüden eklig, auf den Menschen nicht störend wirkt. Die anderen Mittel sind der Hündin einzugeben und sollen nach der Wirkungsweise des Chlorophylls die Geruchsbildung verhüten, wobei auch der attraktive Geruch des Urins der Hündin neutralisiert werden kann.

Beide Arten von Mitteln sind als Erleichterung, Hilfe und zusätzliche

Sicherheit anzusehen, auf das Aufpassen und Einsperren verzichte man dennoch nicht. Die Fruchtbarkeit der Hündin wird auf diese Weise nicht beeinträchtigt.

Man kann auch in das hormonale Geschehen selbst eingreifen und die Läufigkeit ganz unterbinden. Das geschieht durch Hormoninjektionen, die – wenn die Läufigkeiten für immer oder jedenfalls langfristig verhütet werden sollen – alle fünf Monate wiederholt werden müssen; soll nur einmal eine bevorstehende Läufigkeit ausfallen, genügt natürlich eine Injektion, die vorteilhaft Wochen *vor* dem errechneten Läufigkeitstermin gegeben werden sollte.

Will man die Hündin dauernd unfruchtbar haben, so kann das nur operativ geschehen und auch nicht durch irgendwelche Unterbindungen, sondern nur durch Herausnehmen der Eierstöcke. Hormonelle Ausfallserscheinungen – etwa wie beim Menschen – sind davon nicht zu erwarten, das oft befürchtete Zu-fett-Werden läßt sich durch eine vernünftige Fütterung vermeiden. Andere Nebenwirkungen sind selten, und wenn sie auftreten, kann man sie ausgleichen.

Was soll man also mit einer Hündin machen, wenn man sicher ist, nicht züchten zu wollen? Das ist beinahe Ansichtssache. Macht man gar nichts und hütet sie nur in der gefährlichen Zeit, bleibt das Risiko der Panne und damit der unerwünschten Bedeckung und das natürliche Risiko jeder Hündin für weibliche Alterskrankheiten an Uterus und Gesäuge. Kastriert man, hat man keine Sorgen, das geringe Risiko von Nebenwirkungen wird durch das Ausschalten weiblicher Alterskrankheiten aufgewogen. Gibt man Injektionen, spart man die Bauchoperation, muß aber alle fünf Monate zum Tierarzt, und das Risiko von Störungen des weiblichen Genitals ist auf die Dauer sicher größer als bei den beiden anderen Methoden.

Ist eine Hündin unerwünscht gedeckt worden, so sind Spülungen und ähnliche Bemühungen danach sinnlos. Ein recht sicheres Mittel zur Beseitigung unerwünschter Folgen sind eine oder auch drei Injektionen bestimmter Hormonpräparate am dritten bis siebten Tage danach. Diese Injektionen wirken also drei bis sieben Tage zurück; ist die Hündin auch noch zu anderen Zeiten dieser Läufigkeit gedeckt worden, so kann die Injektion versagen. Diese Injektionen sind in richtiger Dosierung ungefährlich, aber doch nicht so, daß man es darauf ankommen lassen dürfte, die Hündin nach jeder Läufigkeit zu spritzen. Bei häufiger Wiederholung können sich schwere Gebärmutterentzündungen einstellen, die dann möglicherweise zur Totaloperation zwingen. Ist der genannte Termin verpaßt, würde nur eine Operation helfen, deren Risiko größer ist als eine Geburt. Man läßt die Hündin besser austragen.

Will man mit einer Hündin züchten und hat sie in den günstigen Tagen decken lassen, so muß man wissen, daß damit die Gefahr einer unerwünschten zusätzlichen Bedeckung nicht vorüber ist. Eine Hündin ist in der bewußten Zeit paarungsbereit, gleichgültig, ob sie schon gedeckt wurde. Nach welchem Vater die Welpen dann arten, hängt davon ab, wessen Samen mit den befruchtungsbereiten Eiern der Hündin im Eileiter zusammenkam. Es ist sogar möglich, daß ein Wurf Welpen mehrere verschiedene Väter hat, wenn der Zufall es so will. Man muß also, außer dem erwünschten Rüden, alle anderen der Hündin fernhalten.

Hat eine unerwünschte Bedeckung zu einem Wurf geführt, so ist das eine Angelegenheit, die diese Geschlechtsperiode der Hündin betrifft und nicht mehr. Eine Einwirkung auf spätere erwünschte, rasrereine Würfe ist unmöglich und ausgeschlossen. Es ist also ein Märchen, daß eine Hündin durch eine unerwünschte Trächtigkeit „versaut" sei, wie der geschmackvolle Terminus technicus lautet.

Trächtigkeit und Geburt

Eine Frühdiagnose der Trächtigkeit ist bei Hündinnen leider nicht möglich, weder Blut- noch Urinuntersuchungen erbringen brauchbare Ergebnisse. Es gibt Tierärzte, die vorgeben, an einigen Tagen, etwa zwischen dem 21. und 28. Tag der Trächtigkeit durch die Bauchwand hindurch die sich entwickelnden Fruchtblasen fühlen zu können. Besonders bei etwas beleibten Hündinnen ist das aber sehr unsicher. Bald darauf fließen diese Auftreibungen durch das Wachstum der Fruchtblasen zusammen, die Gebärmutter ist gleichmäßig stark, und man kann erst etwa 18 Tage vor der Geburt die Körper der Welpen fühlen.

Auch die Röntgenaufnahme kann erst zu solch relativ spätem Zeitpunkt, dann, wenn die Knochen der Früchte zu verkalken beginnen, sicheren Aufschluß geben. Man muß also meist recht lange warten, bis man weiß, ob nun Welpen zu erwarten sind oder nicht. In den letzten Wochen geben häufig schon das ruhigere Verhalten der Hündin, die Zunahme des Leibesumfanges und die Ausbildung des Gesäuges, in den letzten Tagen auch die Schwellung der äußeren Geschlechtsteile sichere Hinweise. Aber besonders bei einer Trächtigkeit mit nur wenigen Früchten ist auch der Erfahrene oft im Zweifel, bis die Wehen einsetzen.

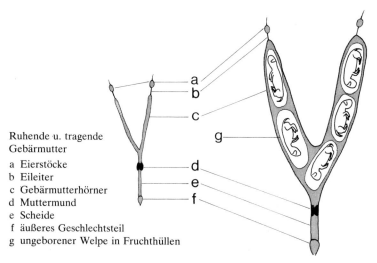

Ruhende u. tragende Gebärmutter

a Eierstöcke
b Eileiter
c Gebärmutterhörner
d Muttermund
e Scheide
f äußeres Geschlechtsteil
g ungeborener Welpe in Fruchthüllen

Die Trächtigkeit der Hündin dauert im Mittel neun Wochen, also 63 Tage. Die Schwankungsbreite ist jedoch recht groß. Geburten am 58. Tage sind so normal wie solche am 68. Tag. Der Geburtstermin wird von hormonellen Vorgängen gesteuert und kann also von Hündin zu Hündin erheblich, bei einer einzigen Hündin von Trächtigkeit zu Trächtigkeit durchaus deutlich variieren. Für die gerade vorliegende Trächtigkeit aber liegt es fest: Wenn die Geburt am 58. Tage beginnt, aber nicht vorankommt, dann darf man nicht davon ausgehen, daß der 68. Tag ja auch noch normal sei und man noch zehn Tage Zeit habe; denn dann wären die Welpen längst tot und die Hündin schwer krank.

Der nahende Wurftermin zeigt sich in der Vorbereitung des Gesäuges, häufig mit schon beginnender Milchsekretion, und der Geburtswege, vor allem aber am Verhalten der Hündin. Meist wird sie etwa 24 Stunden vorher unruhig, sucht herum, scharrt in ihrem Lager, und an ihrem Leib zeigen sich leichte Bewegungen der Vorbereitungswehen. Wertvolle Hinweise kann auch das Verfolgen der Körpertemperatur geben: Die Normaltemperatur des Hundes, auch der tragenden Hündin, liegt bei 38,5 °C, vor dem Werfen sinkt sie, meist sehr schnell, manchmal in einigen Tagen langsam und liegt 24 Stunden vor dem Werfen bei etwa 37,0 °C oder darunter. Mit den ersten richtigen Wehen steigt die Temperatur dann wieder auf 38,5 °C. Ist man über den Wurftermin im Zweifel, so kann man bei subnormalen Temperaturen in der Regel noch abwarten.

Wurfkiste: Aber schon einige Zeit vorher soll man der Hündin die Wurfkiste gerichtet haben, die vor allem geräumig genug sein muß. Als Einlage empfiehlt sich wegen der Beschmutzung durch Fruchtwasser eine Matratze nicht. Lockere Decken und Tücher werden durcheinandergezerrt, und auch das bei vielen Züchtern beliebte Stroh wird so lange umhergescharrt, bis es an den Rändern des Kistenbodens zusammengedrückt ist und die Welpen schließlich doch auf dem blanken Holzboden geboren werden. Am besten ist daher Zeitungspapier, das eine isolierende, aufsaugende Unterlage abgibt und, wenn es naß und beschmutzt ist, leicht und wiederholt erneuert werden kann. Ist das Werfen beendet, kann eine Matratze oder ähnliches hinein.

Das Werfen: Die Welpen werden meist in den Fruchthüllen gewölft, häufig auch ohne diese, die dann als Nachgeburt hinterherkommen. Eine instinktsichere Hündin schleckt und frißt die Welpen aus den Hüllen heraus und nagt auch selbst die Nabelschnur ab, die Nachgeburt nimmt sie ganz auf. Dieses Verzehren der Nachgeburt ist günstig für den Hormonhaushalt der Mutterhündin und ihre Milchproduktion, man soll es also nicht verhindern. Es ist bei Hunden gleichgültig, ob die Welpen mit dem Kopf oder mit dem Hinterteil zuerst geboren werden.

Geburtshilfe? Wie kann nun der Hundehalter bei einer Geburt helfen? Zunächst, indem er alle schädlichen und störenden Einflüsse fernhält. Alles soll sich in Ruhe abspielen. Häufig ist die Hündin an sich schon recht erregt. Es soll nicht die ganze Verwandtschaft rauchend und mit Kaffeetassen klappernd um die Wurfkiste herumsitzen und die schon geborenen Welpen etwa bewundernd von Hand zu Hand geben. Die natürlichsten Hundegeburten sind die, bei denen man morgens dazukommt und nur zu zählen braucht, wieviel Welpen unsere Asta uns denn beschert hat.

Der besorgte Züchter freilich soll mindestens ab und zu hereinschauen oder auch beobachtend dabeisitzen. Eingreifen muß er, wenn ein Welpe halb aus dem Geburtsweg heraushängt und nicht weiterkommt. Dann ist sanfter, mit der ganzen Hand geübter Zug nach unten angebracht. Extraktionsversuche an Früchten, die noch ganz in den Geburtswegen stecken, womöglich gar mit Instrumenten, überlasse man dem Tierarzt.

Helfen muß man, wenn die Hündin die Welpen nicht aus ihren Hüllen befreit. Man reißt diese mit den Fingern auf, bis der Welpe frei ist, und reibt ihn mit einem Tuch trocken. Die Nabelschnur reißt man am besten unter Einsatz der Fingernägel ab, etwa zwei bis drei fingerbreit vom Bauch des Welpen, keinesfalls dichter daran. Dann rollen sich die Blutgefäße so ein, daß keine Blutung eintritt. Schneidet man die Nabelschnur mit der Schere ab, muß man etwa einen bis zwei fingerbreit vom Bauch des Welpen mit einem Faden eine Ligatur legen. Manchmal wird empfohlen, der Hündin die Welpen wegzunehmen, bis die Geburt beendet ist. Wir halten das für falsch. Eine normale Hündin tritt und drückt die Welpen auch während ihrer Wehen nicht, kann sie aber zwischendurch wärmen und lecken, wodurch sie nicht nur trocken werden, sondern auch erstmals ihren Darm entleeren und das Darmpech ausscheiden. Auch saugen können und sollen sie schon in dieser Zeit.

Tierarzthilfe: Wann muß der Tierarzt gerufen werden?
1. Wenn spätestens drei Stunden nach Eintritt richtiger Wehen nicht der erste Welpe geboren ist,
2. wenn die Pause zwischen dem Erscheinen der einzelnen Welpen größer wird als ein bis zwei Stunden,
3. wenn eine Frucht erkennbar im Geburtsweg eingeklemmt ist,
4. wenn sonst irgend etwas unnormal erscheint.

Anzeichen der beendeten Geburt sind Aufhören der Wehen, entspannte Ruhelage und erste Futteraufnahme der Hündin.

Aufzucht der Welpen

Mit den Welpen hat man in den ersten Wochen eigentlich nichts zu tun. Die Hündin nährt sie und hält sie sauber. Wenn sie drei Tage alt sind, müssen, falls vorhanden, die Afterzehen an den hinteren Füßchen abgeschnitten werden. Man kann das mit einer ausgekochten Schere selbst tun, die Hündin leckt die kleinen Wunden.

Bei den betroffenen Rassen werden im gleichen Alter auch die *Schwänzchen kupiert,* womit man besser jemand beauftragt, der es kann; der Tierarzt wird vielleicht mit einem Catgutfaden die Wunde zuziehen, sie blutet dann nicht, heilt schneller und hinterläßt keine häßliche Narbe an der Schwanzspitze.

Das *Kupieren der Ohren* kann – wo es verlangt wird – erst bei sechs, besser acht Wochen alten Welpen geschehen. In diesem Alter sind die Welpen schon voll schmerzempfindlich. Deshalb muß dieser Eingriff unter einer richtigen Narkose durchgeführt werden, wenn die Beteiligten sich Tierfreunde nennen wollen, von der Vorschrift des Tierschutzgesetzes abgesehen.

Von der vierten oder fünften Woche ab werden die Welpen zugefüttert, die Mengen richten sich danach, wieviel sie brauchen. Haferschleim mit Zusatz von Hundetrockenmilchpulver, etwas Traubenzucker, Möhrensaft – das wäre die beste Zusammensetzung. Mit fünf Wochen beginnt man mit dem Zusatz von etwas Hackfleisch. Auch pro Welpe eine Prise eines guten Kalkpräparates für Hunde in Pulverform fügt man jetzt dem Süppchen bei.

Künstliche Aufzucht: Müssen Welpen vom ersten Tag an ohne Mutterhündin ernährt werden, so erfordert das einen großen Aufwand an Zeit und Mühe, wenn die Kleinen trotzdem nicht nur am Leben bleiben, sondern auch gedeihen sollen. Will man es doch versuchen, gelten folgende Grundsätze: Die Welpen müssen Tag und Nacht alle drei Stunden versorgt werden. Getränkt werden sie zuerst aus einem Fläschchen mit Puppensauger, nach etwa drei Wochen können sie aus einer Untertasse schlecken. Als künstliche Milch verwendet man eines der für Welpen hergestellten Trockenmilchpräparate, die man nach Anweisung zubereitet, wobei die Verdünnung sich mit dem Lebensalter ändert. Kuhmilch ist keinesfalls geeignet. Schwierigkeiten kann das Besorgen eines genügend kleinen Nuckels bereiten, der aber nötig ist und, sehr wichtig, auch ein ganz kleines Loch haben muß. Der Welpe soll die Milch saugen; fließt sie spontan, kann sie auch in die „falsche Kehle" geraten und eine tödliche Eingußpneumonie (Lungenentzündung) hervorrufen.

Notwendig ist neben der Fütterung die zuerst ständige Anwendung einer Wärmflasche, vor allem aber, daß man das Lecken der Hündin

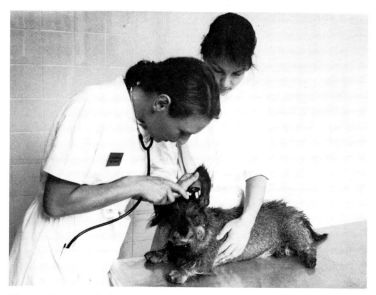

Untersuchung des Gehörganges und des Trommelfelles

nachahmt. Welpen in den ersten Lebenstagen können reflektorisch nur Kot und Urin abgeben, wenn sie in der Analgegend von der Hündin beleckt oder statt dessen mit einem feuchtwarmen Läppchen gerieben werden. Unterläßt man das, entstehen lebensgefährliche Stauungen. Man sieht später selbst, ab wann diese Geschäfte auch von selbst gehen.

Welpen, die wegen Schwäche an der Hündin nicht recht saugen, muß man immer wieder anlegen, sie reiben und besonders warm halten. Gibt man solchen schwachen Welpen die Flasche, sind Eingußpneumonie und Tod fast sicher. Deshalb ist nur wirklicher Mangel an Muttermilch – bei Tod oder tatsächlicher Milchlosigkeit der Mutter – ein zutreffender Grund für die künstliche Aufzucht von Welpen. Auch wegen der schützenden Antikörper der Kolostralmilch ist wenig Muttermilch immer noch besser als reichlich Kunstmilch.

Scheinträchtigkeit

Hündinnen werden zweimal im Jahr läufig, sie tragen neun Wochen, säugen noch einmal nicht ganz so lange; das heißt also, daß Trächtigkeit und Welpenaufzucht in einem Zwischenraum Platz haben. Die Hündin kann ohne Verschiebung ihres Zyklus zweimal im Jahr werfen. So kommt es bei manchen ungedeckten Hündinnen vor, daß ihre Hormone so tätig werden, als ob sie gedeckt und tragend seien. In ausgeprägten Fällen folgt also bei diesen Tieren einige Wochen auf die Läufigkeit die sogenannte eingebildete Schwangerschaft (Scheinträchtigkeit). Die Symptome sind Schwellung des Gesäuges, manchmal auch der Geburts- wege, Milchbildung (Laktation) und ein Verhalten wie vor dem Werfen – Unruhe, Scharren, Nestmachen – und wie nach der Geburt – Pflege- trieb: Puppen oder Pantoffeln werden ins Lager geholt und „gepflegt".

Diese Entgleisung an sich normaler Vorgänge scheint häufiger zu werden, muß also wohl als eine Art Zivilisationserscheinung aufgefaßt werden. Auffällig ist, daß Tiere, die etwas „zu tun" haben, also Jagd- und andere Gebrauchshunde, kaum dazu neigen, während die gleiche Erscheinung bei gut oder übermäßig genährten Stubenhunden auch derselben Rassen nicht selten ist.

Die Behandlung besteht bei ganz leichten Fällen im Nichtstun (man wartet also ab, bis mit Fortschreiten des Zyklus alles wieder normal wird), bei mäßigen Fällen in kühlenden Wickeln auf das Gesäuge, knapper Nahrung und besonders vielem Spazierengehen. Sind, wie leider nicht selten, körperliche und psychische Störungen der Hündin ausgeprägt, so kann die Gabe von Mitteln, die das Laktationshormon hemmen, ungefährlich Abhilfe schaffen, während früher übliche Hor- moninjektionen, z. B. von Östrogenen, gefährliche Nebenwirkungen haben können.

Einiges über Krankheiten

Ist unser Hund krank?

Im folgenden Kapitel werden eine Reihe von Symptomen aufgezählt, die den gewissenhaften Hundehalter darauf aufmerksam machen, daß irgend ein Organsystem seines Hundes krank sein kann. Hier sei zunächst vom Allgemeinen die Rede: Der kranke Hund ist nicht mun- ter, spielt nicht mehr, springt nicht vor Freude aufs Spazierengehen, er schüttelt sich nicht oder nicht so ausgiebig wie sonst, streckt sich nicht nach dem Erwachen, frißt mit schlechtem Appetit oder gar nicht, manchmal wandert er auch unruhig hin und her und kann sich nirgends recht zur Ruhe legen, manchmal verkriecht er sich irgendwo.

Nun ist jeder Hund einmal unpäßlich, ohne daß es gleich etwas Ernstes zu bedeuten hätte. Wichtigstes Instrument zur Unterscheidung, ob man ein oder zwei Tage abwarten kann, ehe man etwas unternimmt und zum Tierarzt geht, oder ob gleich etwas geschehen muß, ist das Fieberthermometer. Man mißt beim Hund rektal (im After), hält das Thermometer dabei zwischen Zeige- und Mittelfinger, während man zwischen Daumen und Zeigefinger der gleichen Hand den Schwanz hält. Dann geht die Hand mit den Bewegungen des Hundes mit, und das Thermometer kann den Darm nicht verletzen oder herausrutschen.

Die Normaltemperatur beträgt bei großen Hunden um 38,3 °C, bei kleinen und jungen um 38,7 °C. Die Fiebergrenze liegt bei großen Hunden um 39 °C, bei kleinen und jungen bei 39,2 °C. Bei fieberhaften Erkrankungen läßt man je eher je besser den Tierarzt die Ursache klären und etwas dagegen tun. Im anderen Fall kann man abwarten. Natürlich gibt es auch schwere, nicht fieberhafte Erkrankungen, aber die zeigen sich meist durch andere auffällige Symptome.

Will man den Puls des Hundes fühlen, so ist die richtige Stelle dazu „im Schritt", an der Innenseite des Oberschenkels, wo eine große Arterie unter der Haut auf dem Oberschenkelknochen liegend fühlbar ist. Die normale Pulsfrequenz liegt zwischen 80 und 130 Pulsen pro Minute. Je kleiner und jünger der Hund, um so schneller ist die Pulsfolge. Es ist wichtig zu wissen, daß eine gewisse Unregelmäßigkeit normal ist. Der Laie wird jedoch aus der Beobachtung des Pulses kaum wertvolle Schlüsse ziehen können.

Verdächtige Krankheitszeichen

Die jetzt folgende Aufzählung von Krankheitssymptomen soll nicht zur Selbstdiagnose verleiten. Sie soll vielmehr helfen, krankhafte Zustände *frühzeitig* als solche zu erkennen, keine Zeit zu verlieren und rechtzeitig den Tierarzt aufzusuchen. Die Liste ist natürlich bei weitem nicht vollständig. Sie enthält nur solche Zeichen, die erstens auch dem aufmerksamen Laien nicht entgehen sollten, und zweitens nicht chronische, sondern akute Krankheiten signalisieren können, die baldiges oder gar schnelles Handeln notwendig machen. Die in Klammern gesetzten Krankheiten *können* sich hinter den Symptomen verbergen.

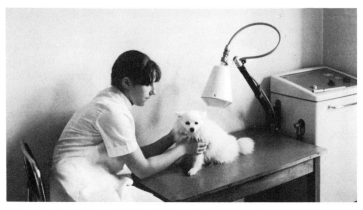

Mikrowellenbestrahlung bei Krankheiten der Wirbelsäule

Sinnesorgane

Gerötete, tränende, eiternde Augen	Bindehautentzündung (Staupe), selten Fremdkörper unter dem Lid (einseitige, heftige Reaktion)
Milchig getrübte Hornhaut, also der vordersten Schicht des Augapfels	Hornhautentzündung
Schütteln, Schiefhalten des Kopfes, Rötung des Ohreinganges, Kratzen an den Ohren	Gehörgangentzündung, nicht selten eingedrungene Fremdkörper (Grannen)
Nasenausfluß, besonders wenn eitrig	Rhinitis – Nasenentzündung (Staupe)

Verdauungsorgane

Starkes Speicheln, Wischen am Fang	Übelkeit oder eingespießte Fremdkörper in Fang oder Zunge, Verätzungen oder Zahnerkrankung
Würgender Husten	Mandelentzündung, (Staupe, ansteckende Leberentzündung), selten Fremdkörper im Rachen

36

Ergebnisloses Würgen, keinerlei Nahrungs- oder Getränkeaufnahme	Fremdkörper im Schlund
Erbrechen von Futter und/oder Schleim	Vorhergehende Aufnahme von Unverdaulichem, Magenschleimhautentzündung (Staupe, anstekkende Leberentzündung, Parvovirose, Leptospirose), Fremdkörper im Magen
Fruchtloser, wiederholter Versuch zu erbrechen, Auftreibung des Leibes	Magendrehung: Größte Eile!
Erbrechen bei fehlender Nahrungsaufnahme und fehlendem Kotabsatz	Darmverschluß durch Fremdkörper oder Darmverschlingung
Durchfall, auch blutiger	Darmentzündung (Staupe, Leptospirose, Parvovirose)
Vergebliches Bemühen um Kotabsatz	Koprostase = Knochenkotverstopfung: *kein* Rizinusöl geben!
Kolikartige Bauchschmerzen mit Stöhnen, Sichkrümmen, gespannter Bauchwand	Verdauungsbeschwerden nach zuviel Knochen, Blähungen, Fremdkörper im Darm, Darmentzündung, Entzündung der Bauchspeicheldrüse
Atmungsorgane Husten	Mandelentzündung, Luftröhrenentzündung, Bronchitis, Bronchopneumonie = Lungenentzündung (Staupe)
Schnelle Atmung ohne Husten, beim Ausatmen Backenblasen	Bronchopneumonie = Lungenentzündung (Staupe)
Harnapparat Häufiges Absetzen von viel Urin, verbunden mit starkem Durst	Nierenentzündung, Schrumpfnieren, Leptospirose, bei der Hündin auch Pyometra = chronisch-eitrige

	Gebärmutterentzündung; bei beiden Geschlechtern: Diabetes mellitus = Zuckerkrankheit
Häufiges Absetzen von wenig Urin	Blasenentzündung, weniger häufig Blasenstein(e)
Vergebliches Bemühen, Urin abzusetzen, allenfalls tröpfelnd	Harnröhrenstein(e), fast nur bei Rüden
Urin stark verfärbt	Blasenentzündung, Leberkrankheit (Leptospirose)

Geschlechtsapparat

Eitrige Tropfen an Vorhaut des Rüden	Vorhautkatarrh: harmlos
Eitriger Scheidenausfluß, meist mit Schwellung	Gebärmutterentzündung, häufig chronische Gebärmutterentzündung = Pyometra, Scheidenentzündung
Heiße, gerötete Schwellung des Gesäuges	Gesäugeentzündung
Kleine bis größere Knoten, Geschwülste im Gesäuge	Gutartige Geschwülste oder, etwa in der Hälfte der Fälle, Krebs

Wirbelsäule, Nervensystem

| Plötzlich auftretender steifer Gang, Unvermögen zu springen und Treppen zu steigen, Schmerz bei Berührung | Bandscheibenvorfall: am häufigsten bei Teckeln, Frühstadium der „Teckellähmung" |

Skelett

| Bei Welpen und Junghunden verdickte untere Enden der „Unterarme", d. h. an Vorderläufen über Vorderfußwurzelgelenk, je ein Knoten auf jeder Rippe (Rosenkranz), krumme Beine, Schmerzen, wenn hochgradig | Sogenannte Rachitis |
| Bei Welpen und Junghunden | Hüftgelenksdysplasie = HD, |

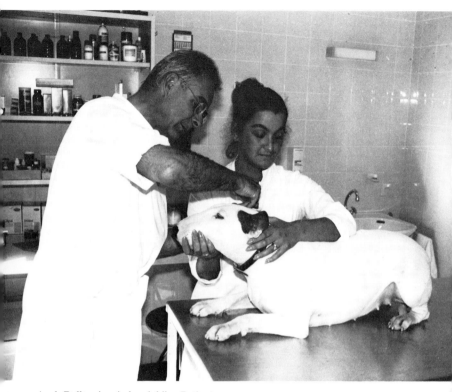

Auch Bullterrier sind geduldige Patienten

Schmerzen beim Aufstehen, Schwäche der Hinterbeine, manchmal eine Seite stärker ausgeprägt, Hinken; Auftreibung der Hüftgelenkgegend, schaukelnder „Marilyn-Monroe-Gang"

führt zu Arthrose = Gelenkleiden, erblich, unheilbar; Beschwerden können jedoch durch Behandlung meist gelindert oder behoben werden

Spontanes Hinken auf einem (beliebigen) Bein im Alter von sechs bis acht Monaten

Osteochondrose, Entwicklungsstörung in einem der Gelenke

Die wichtigsten Infektionskrankheiten

Staupe und Hartballenkrankheit: Die *Staupe* ist eine Infektionskrankheit, die durch ein Virus hervorgerufen wird. Sekundär kommen dann noch Bakterien dazu und komplizieren den Krankheitsverlauf, der typischerweise in drei Phasen erfolgt. Vier bis sechs Tage nach der Ansteckung hat der Hund einen Tag Fieber und ist matt, sonst aber ohne Symptome. Wird er nicht in diesen Tagen mit hohen Dosen Serum behandelt, so bricht nach etwa drei Tagen äußerlicher Gesundheit das bekannte zweite Stadium aus: Fieber, Entzündung der Lidbindehaut, der Nase, der Mandeln, der Bronchien und Lunge und/oder des Magens und Darmes.

Die Behandlung in diesem Stadium ist dank des Penicillins und anderer moderner Antibiotika fast immer erfolgreich. Aber der Tierarzt kann nichts zur Verhütung des dritten Stadiums tun, man kann nur hoffen, daß es nicht eintritt. Tut es das aber, oft erst Wochen später, dann in Gestalt der Nerven- oder Gehirnstaupe. Diese zeigt sich in anfallweisen Krämpfen, Lähmungen oder ständigen Zuckungen. Sind die Erscheinungen heftig und mit Fieber verbunden, so ist Hilfe meist nicht möglich.

Die sogenannte *Hartballenkrankheit* ist eine bösartige Abart der Staupe, die durch Verhornungen des Nasenspiegels und der Sohlenballen gekennzeichnet ist und noch häufiger zur tödlichen Gehirnentzündung führt.

Die Staupe befällt nicht nur junge Hunde. Wenn ein Hund nicht durch Überstehen der Krankheit oder durch Impfungen immun geworden ist, kann er auch noch im Alter von mehreren Jahren einer Infektion zum Opfer fallen. Recht sicheren Schutz vor der Staupe vermag allein die (in zweijährigem Abstand wiederholte) vorbeugende Impfung des gesunden Hundes zu geben.

Ansteckende Leberentzündung (Hepatitis contagiosa canis): Auch diese Krankheit wird durch ein Virus hervorgerufen. Als Krankheits-Erscheinungen stehen meist hohes Fieber, Mandelentzündung, Magen- und Darmentzündung mit besonders heftigem Erbrechen, Leberbeschwerden und Hornhauttrübungen im Vordergrund. Gehirnentzündungen kommen vor. Der Verlauf ist bei Welpen und Junghunden trotz Behandlung nicht selten ungünstig, vor allem bei perakutem (innerhalb von Stunden ablaufendem) Verlauf. In derartigen Fällen beginnt die Krankheit morgens und kann bereits am Abend zum Tode führen. Es empfiehlt sich vorbeugende Impfung, die sich mit der gegen Staupe kombinieren läßt.

Leptospirose: Die Leptospirose wird von Leptospiren, bakterienähnlichen Krankheitserregern, hervorgerufen. Es gibt einige Varianten dieses Erregers, die leicht differierende Krankheitsbilder hervorrufen. Das bei Hunden früher häufigste und daher bekannteste ist das der sogenannten *Stuttgarter Hundeseuche.* Die Leptospiren führen vor allem zu Schädigungen der Nieren, der Leber sowie von Magen und Darm. Starker Durst, heftiges Erbrechen, übler Geruch aus dem Fang, Durchfall und schneller Kräfteverfall, meist ohne Fieber, sind die sinnfälligsten äußeren Zeichen.

Bei rechtzeitiger Behandlung sind die Aussichten nicht ungünstig; bei manchen Seuchenzügen überwiegt aber ein schneller, heftiger Krankheitsverlauf, der dann oft zum Tode führt. Die Erreger werden von befallenen Tieren mit dem Urin ausgeschieden, so daß andere Tiere sich z. B. durch Lecken anstecken können.

Die Leptospirose ist auch für Menschen ansteckend; peinliche Sauberkeit und besondere Hygiene sind zum Selbstschutz bei Pflege eines derart kranken Hundes nötig. Tatsächliche Ansteckungen von Hund zu Mensch sind jedoch sehr selten und geschehen nur bei besonders unhygienischen Verhältnissen, z. B. wenn der kranke Hund mit ins Bett genommen wird. Die heute noch am ehesten vorkommende Form wird durch Ratten übertragen, deshalb sind z. B. Jagdhunde, die in rattenverseuchten Gewässern arbeiten, am meisten gefährdet, Stadthunde dagegen kaum. Gegen Leptospirose ist ein Bestandteil der üblichen Kombinationsimpfstoffe wirksam, so daß die meisten Hunde auch dagegen geschützt werden.

Parvovirose: Vor einigen Jahren haben wir – in den Medien ziemlich sensationell aufgemacht – das Auftreten einer tatsächlich neuen Hundekrankheit erlebt. Ein neues Virus wurde als Ursache von zeitweise seuchenartigen, heftigen, manchmal blutigen Magen- und Darmentzündungen ermittelt, die häufig sogar zum Tode führten. Weil ein nahe verwandtes Virus als Erreger der Katzenseuche (der Katzen) bekannt ist, sprach man von der Katzenseuche der Hunde. Da aber die Krankheit

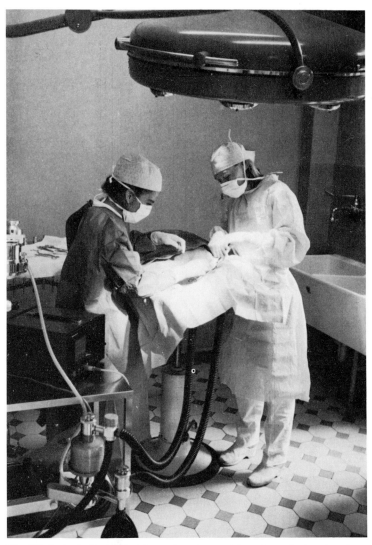

Eingriffe in der Leibeshöhle oder an Knochen und Gelenken erfordern Sterilität, Narkose mit Sauerstoff und gasförmigen Narkotika, Möglichkeit zu künstlicher Beatmung und Kontrolle von Herz und Kreislauf durch einen Monitor

zwischen Hund und Katze *nicht* übertragbar ist, sollte man sie nach ihrem Erreger, dem Parvovirus, nennen. Mit sorgfältiger, aufwendiger Behandlung kann man zwar die Mehrzahl der Erkrankten retten, viel besser aber ist die Vorbeuge durch Impfung, die bei Einhaltung bestimmter Regeln gut wirksam ist.

Toxoplasmose: Die Toxoplasmose wird hier, soweit sie den Hund betrifft, gottlob fast nur aus historischen Gründen erwähnt. Die für Klein- und ungeborene Kinder gefürchtete Krankheit wird durch Hunde, das weiß man nun mit Sicherheit, nicht auf den Menschen übertragen. Wenn und falls Hunde daran erkranken, dann wahrscheinlich durch das Verzehren von rohem Schweinefleisch: ein weiterer Grund, dieses zu vermeiden.

Die Erreger der Toxoplasmose sind die Toxoplasmen, einzellige Lebewesen, die gewisse Ähnlichkeit mit den Erregern der Malaria haben. Das Krankheitsbild ähnelt dem der Staupe. Besteht nach Blutuntersuchungen Klarheit über die Diagnose, so ist die Behandlung meist aussichtsreich. Hunde, alle anderen Tiere sowie auch Menschen können die Erreger offenbar auch beherbergen, ohne krank zu sein oder krank zu werden.

Tollwut: Die Tollwut wird durch ein Virus hervorgerufen, das praktisch nur durch den Biß befallener Tiere auf andere Tiere oder auf den Menschen übertragen wird. Gegenwärtig ist bei uns in vielen Regionen das Wild befallen und verbreitet die Krankheit durch seine unkontrollierbaren Wanderungen. Grundsätzlich alle warmblütigen Tiere können tollwütig werden. Die Krankheitserscheinungen treten bei Hund (und Mensch) oft erst Wochen und Monate nach der Infektion auf.

Die schon ausgebrochene Krankheit ist (auch beim Menschen) unheilbar! Unruhe, Drang zum Ausreißen, irrer Blick, Beißen in Gegenstände, Verschlingen von unverdaulichen Dingen, Aggressivität sind Zeichen der wilden Wut, der die stumme Wut folgt, die durch Lähmungen besonders des Unterkiefers, später der Beine, gekennzeichnet ist, und auf die der Tod folgt. Ist ein Mensch möglicherweise infiziert worden, so kann eine hier ausnahmsweise postinfektiöse, mehrmalige Impfung den Ausbruch der sonst mit Sicherheit tödlichen Erkrankung verhüten. Jeder Fall von Tollwut muß den Veterinärbehörden gemeldet werden, deren Anordnungen, wie z. B. Sperrmaßnahmen, man sich zu unterwerfen hat.

Seit die vorbeugende Schutzimpfung der Hunde in Deutschland erlaubt ist und empfohlen wird, hat sich der Abstand zwischen der Krankheit und dem Menschen auch zu dessen Schutz vergrößert. Von einem geimpften Hund geht keine Gefahr für den Menschen aus. Keine Frage also, daß die alljährliche Impfung nicht unterlassen werden sollte (Wirkungsdauer des Impfschutzes im Impfpaß beachten).

Tuberkulose: Die Tuberkulose sei der Vollständigkeit halber erwähnt. Seit unsere Milch frei von Tuberkelbazillen ist, sieht man die früher häufigere Bauchtuberkulose bei Hunden nur sehr selten. Die durch Einatmen der Erreger hervorgerufene primäre Lungentuberkulose war schon immer verschwindend selten. Als Symptome fallen dem Hundehalter Abmagerung, Verdauungsstörungen und sich wiederholende Fieberphasen wohl am ehesten auf. Eine Behandlung mit den modernen Tuberkulosemitteln ist oft erfolgreich.

Die Behandlung eines tuberkulosekranken Hundes ist jedoch nur dort zu vertreten, wo er mit wenigen bereits älteren Menschen zusammenlebt, die ihre Tuberkuloseinfektion hinter sich haben. Sonst – in jedem Falle, wenn Kinder in der Nähe sind – wird man den Hund wegen der Ansteckungsgefahr wohl töten lassen müssen.

Würmer: Hunde können von einer Vielzahl von Wurmarten befallen sein. In unseren Breiten muß man vor allem mit Spulwürmern und Bandwürmern rechnen. *Spulwürmer* leben im Dünndarm und legen Eier, die mit dem Kot ausgeschieden werden. Leckt ein Hund draußen an Gras, Boden, Mauern herum, so gelangen die Wurmeier wieder in seinen Darm, Larven schlüpfen aus, wandern in die Blutgefäße, gelangen in die Lungen, machen dort weitere Stadien ihrer Entwicklung durch, werden hochgehustet und abgeschluckt und entwickeln sich schließlich im Darm zu geschlechtsreifen Würmern, wonach der Zyklus von neuem beginnen kann. Daraus erhellt, daß Spulwurmbefall mit Fleischgenuß nichts zu tun hat und daß die Vorbeuge, besonders bei der Welpenaufzucht, in wiederholten Wurmkuren und in der sorgfältigen Beseitigung des Kotes besteht.

Hinzu kommt folgendes: Während der Körperwanderung kapseln sich viele Wurmlarven irgendwo ein, ohne, wie oben beschrieben, in den Darm zu wandern. Diese Körperlarven können bei einer tragenden Hündin mobil werden und via Gebärmutter oder via Milch in die ganz kleinen Welpen einwandern, wo sie sich zum Teil wieder einkapseln, um dann nach und nach in den Darm zu wandern. Deshalb sollten bei Welpen die ersten Wurmkuren schon mit drei Wochen durchgeführt und – wegen des möglichen Nachwanderns aus dem Reservoir der Eingekapselten – wiederholt werden.

Die Eier, die nach Zerfall der Kotballen dem Boden anhaften, sind ungeheuer widerstandsfähig. Desinfektionsmittel töten sie nicht. Man muß also den Boden in Zwingern umgraben, Steinböden und Wände am besten mit einer Lötlampe abbrennen und brennbares Material wie Holz mit kochender Sodalauge begießen und tüchtig abschrubben.

Spulwürmer leben vereinzelt in vielen erwachsenen Hunden, ohne diese irgendwie zu stören, aber gerade sie sorgen für die Verseuchung der Umwelt mit Wurmeiern. Welpen sind empfindlicher. Sie werden durch starken Wurmbefall krank und können daran eingehen. Magerkeit, schlechtes Gedeihen, aufgetriebener Leib und ein typisches Brummen bei Druck auf den Leib sind Anzeichen. Die Diagnose geschieht durch mikroskopischen Nachweis der Eier im Kot. Über die Bekämpfung wurde schon gesprochen.

Spulwürmer sind im Regelfalle für den Menschen ungefährlich. Wenn er sie aufnimmt, dann kommt es lediglich zum Einkapseln der Larven im Körper, nicht zum Wurmbefall. Aber selbst solche seltenen Fälle sollten Anlaß sein, die Spulwurmbekämpfung bei Hunden sorgfältig zu betreiben.

Außer den Spulwürmern gibt es noch eine Reihe anderer Rundwürmer, die Hunde belästigen können, z. B. *Haken- und Peitschenwürmer.* Beste Vorsorge dagegen ist, mindestens einmal jährlich eine Kotprobe seines Hundes beim Tierarzt untersuchen zu lassen, damit man gegebenenfalls eine gezielte Wurmkur vornehmen kann.

Bandwürmer haben einen komplizierten Entwicklungszyklus: Der im Dünndarm lebende Wurm stößt seine letzten, reifen Glieder ab, die praktisch nur Eipakete sind. Diese Glieder werden mit dem Kot ausgeschieden; manchmal kriechen sie auch selbständig aus dem After. In der Außenwelt zerfallen sie, die Eier werden von anderen Lebewesen aufgenommmen, in deren Fleisch sich eine Finne entwickelt. Durch Verzehr rohen Fleisches von diesem Zwischenwirt gelangt die Finne in den Darm des Hauptwirtes, und es entwickelt sich ein neuer Bandwurm.

Beim Hund können verschiedene Bandwürmer vorkommen. Beim

häufigsten Hundebandwurm ist der Zwischenwirt, Träger der Finne, die verzehrt werden muß, nicht irgendein warmblütiges Tier, sondern der Hundefloh. In den meisten Fällen hat also auch der Bandwurmbefall nichts mit der Fütterung von rohem Fleisch zu tun und verbietet diese mithin nicht. Für andere Bandwurmarten kann die Finne in Mäusen, Ratten, im Eingeweide von Kaninchen oder Wild sitzen. Daß der Hund durch Genuß von Fleisch aus dem Laden einen Bandwurm bekommt, ist unwahrscheinlicher, als daß wir durch Genuß von Tartar einen Bandwurm aufnehmen.

Bandwürmer machen Hunde meist nicht krank. Selten beobachtet man anfallsweise Bauchschmerzen, schlechten Appetit und schlechtes Gedeihen. Die Diagnose wird gestellt durch Erkennung der abgegangenen Glieder – sie sind frisch ein bis zwei Zentimeter lang, anderthalb bis zweieinhalb Millimeter breit, weiß oder rosa, kriechen manchmal kurze Strecken raupenähnlich, eingetrocknet sind sie braun und reiskorngroß.

Rutschen auf dem After, das sogenannte Schlittenfahren, kann durch Bandwurmbefall verursacht werden. In neun von zehn Fällen hat es damit jedoch nichts zu tun, sondern der Juckreiz kommt von verstopften Afterdrüsen, die dann entleert werden müssen. Bandwurmkuren sind mit einem der modernen, den Wurm tötenden Mittel im Gegensatz zu alten Zeiten heute kein Problem mehr. Die Vorbeuge gegen die häufigste Art – siehe oben – ist die sorgfältige Flohbekämpfung. Fast alle, und gerade die häufigsten Bandwurmarten des Hundes, sind für Menschen ungefährlich.

Es gibt nur eine Ausnahme: Bei dieser ist der Hund Träger des Wurmes, der Mensch kann als Zwischenwirt fungieren, in ihm wächst also die Finne, mitunter bis zu Kindskopfgröße. Eine solche Blase in Leber, Lunge oder Gehirn führt zu schwerer Krankheit und – wenn nicht rechtzeitig eingegriffen wird – zum Tode. Die Diagnose des Wurmes im Hunde ist sehr schwierig, weil der Wurm hier nur wenige Zentimeter mißt und seine Glieder nur millimeterlang sind. Gottlob kann ein Hund unter normalen Bedingungen diesen Wurm kaum erwerben, denn dazu müßte er ja Teile solcher Riesenblasen-„Finnen" fressen. Das ist unter städtischen Bedingungen ganz ausgeschlossen und kann auf dem Lande auch nur passieren, wenn die bei der Fleischbeschau verworfenen Teile nicht sicher beseitigt, sondern etwa auf dem Dunghaufen geworfen werden und dort dem Hunde zugänglich sind. Mit dem Fortschritt der Hygiene sollte dieser Bandwurm in Europa ganz ausgestorben sein. In manchen ländlichen Gegenden gibt es ihn leider noch. Es ist daher doppelt wichtig, Hunde nicht an verworfene Schlachtabfälle heranzulassen.

Hautkrankheiten: Hunde leiden häufig an Hautkrankheiten, von denen hier nur soviel gesagt sei: Es gibt nichtansteckende und ansteckende, durch Parasiten und durch Pilze hervorgerufene. Nichtansteckende Hautentzündungen können zufällige äußere Ursachen haben; häufig haben sie innere, die mit dem Stoffwechsel zusammenhängen.

Die häufigsten Parasiten sind *Flöhe.* Sie treten besonders im Sommer auf, verursachen starken Juckreiz, und das Kratzen kann zu heftigen Hautentzündungen führen. Flöhe sind „flohbraun" und springen auf dem Hund nicht herum, sondern man sieht sie durch den Wald der Haare laufen. Die Bekämpfung geschieht mit einem der modernen, wirksamen Antiparasitenmittel, die es als Puder, Bad oder Halsband für den Hund, als Spray für das gleichzeitig zu behandelnde Lager gibt. Eine halbe Stunde nach dem Einpudern wird der Hund gründlich gebürstet, seine Decken und Kissen werden ausgeklopft.

Läuse und Haarlinge, ähnlich unangenehm, sind grau und weniger lebhaft. Sie lassen sich schwerlich mit Pudern ausrotten, sondern man muß den Hund mit bestimmten Mitteln, die man sich vom Tierarzt empfehlen läßt, baden. Eine der verschiedenen, durch mikroskopisch kleine Milben hervorgerufenen *Räudearten* ist auch für Menschen gefährlich. Die Behandlung obliegt dem Tierarzt.

Zecken: In der warmen Jahreszeit werden Hunde draußen häufig von Zecken befallen. Sie sitzen im Gebüsch, lassen sich auf den Hund fallen, saugen sich fest, sind zunächst gut stecknadelkopfgroß und saugen solange, bis sie Erbsengröße erreicht haben, wonach sie abfallen. Der Hund wird dankbar sein, wenn man sie vorher entfernt. Dabei darf man sie keinesfalls abreißen und dabei den Kopf in der Haut lassen. Man betupft sie zuerst mit irgendeinem Fett, wodurch man ihre Atemöffnungen verstopft, faßt sie zehn Minuten danach mit den Fingern – mit einer Pinzette zerquetscht man sie leicht – und *dreht* sie heraus. Man darf nicht die bei älteren Hunden häufigen Warzen damit verwechseln und an diesen herumdrehen und zerren. In zeckenreichen Zeiten und Gegenden ist eines der heutzutage üblichen Ungezieferhalsbänder nützlich, wenn der Hund es verträgt.

Pilzinfektionen der Haut erfordern eine Laboruntersuchung für die korrekte Diagnose. Die Behandlung muß sorgfältig vom Tierarzt geleitet werden, zumal manche der Pilzinfektionen für den Menschen ansteckend sein können.

Pflege und Diät kranker Hunde

Das in diesem Kapitel Gesagte erhebt weder den Anspruch der Vollständigkeit, noch soll es die Anweisungen des behandelnden Tierarztes ersetzen oder ihnen im Einzelfalle widersprechen. Bei allen Pflegemaßnahmen beherzige man den ersten Grundsatz allen medizinischen Handelns: Primum nil nocere – Hauptsache, nicht schaden. Nichts tun ist immer noch besser, als etwas Falsches tun.

Jeder kranke Hund braucht Ruhe, meist wird auch Wärme nützlich sein. Dabei bedenke man, daß ein Hund nicht schwitzen kann. Wenn es ihm zu warm wird, zwingen ihn seine Wärmeregulationsreflexe zum Hecheln – zum schnellen Atmen bei heraushängender Zunge –, was die Abkühlung bewirkt. Dieses Hecheln strengt an, besonders die Lunge und auch ein krankes Herz. Man schadet also einem Hund, der z. B. an Lungenentzündung erkrankt ist, wenn man es ihm zu warm macht.

Örtliche Wärme

Örtliche Wärme dagegen ist oft angezeigt. Bei *Hals- und Mandelentzündung* sind Wickel mit gekochten warmen Kartoffeln um den Hals, gleich hinter dem Unterkieferende, sehr nützlich, zweimal am Tag, je für 30 bis 45 Minuten. Natürlich darf man nicht mit zu heißen Kartoffeln die Haut verbrennen. In der übrigen Zeit läßt man den Hund einen Wollschal um den Hals tragen.

Nasse Prießnitzwickel sind bei Hunden weniger geeignet; da der Hund nicht stilliegt, rutschen sie leicht, es kann Luft hinein, und statt zu wärmen, können sie kühlen und eine Erkältung verursachen.

Bronchialkatarrh und Lungenentzündung

Bei Bronchialkatarrh und Lungenentzündung sind kräftige Massagen der Brust – soweit man Rippen fühlt – mit Franzbranntwein sehr nützlich. Anschließend packt man die Brust in Wolle. Wir empfehlen für so kranke Hunde überhaupt gern das Tragen eines passenden ausgedienten Kinderpullovers, am besten mit Ärmeln, in die die Vorderbeine kommen. Ärmellose Pullover lassen die Achseln frei; herumgewickelte Schals verrutschen zu leicht.

Dieser Pullover muß natürlich, trotz der lieben Eitelkeit, draußen – also zum Geschäft erledigen und auf dem Wege zum Tierarzt – anbehalten werden.

Magenerkrankungen

Bei Magenerkrankungen mit Erbrechen braucht der Magen wie jedes kranke Organ Ruhe. Man gibt dem Hund also nicht nacheinander ein, was in der ganzen Verwandtschaft angeblich mal kranken Mägen gutgetan hat, sondern läßt ihn hungern. Viele Frauchen und Herrchen haben eine panische Angst vor dem Verhungern ihres Lieblings. Damit hat es meist mehrere Wochen Zeit. Erst muß der kranke Magen gesund werden, den leicht Abgemagerten kann man nachher schnell wieder aufpäppeln.

Gut bewährt hat sich als Getränk Kamillen- oder Pfefferminztee mit einer Prise Salz darin; man sollte ihn häufig und in sehr kleinen Mengen eingeben, am besten stündlich teelöffelweise. Dabei ist wichtig, daß man, um Flüssigkeit einzugeben, nicht den Fang öffnet, also die Kiefer auseinanderspreizt, sondern sie seitlich in die Backentaschen (zwischen die Lefzen) träufelt.

Darmentzündung und Durchfall

Ähnliches gilt für die Darmentzündung und den Durchfall – nicht alles mögliche hineinfüttern. Bestes Hausmittel gegen Durchfall sind nach eintägigem Hungern roh mit Schale geriebene Äpfel als alleinige Nahrung, notfalls so lange eingeben, bis der Durchfall nachläßt, also mindestens einen Tag lang, dann ein Gemisch, das zu gleichen Teilen aus den roh mit Schale geriebenen Äpfeln, aus mit Wasser gekochtem Haferschleim und aus gekochtem, gemahlenem mageren Muskelfleisch besteht. Nach einigen Tagen dieser Diät geht man dann langsam und stufenweise wieder auf die normale Ernährung über. Zu trinken gibt man Kräutertee. Ganz verboten bei Durchfall sind Fett, Milch und Zucker in jeder Form. Bei Vergiftungsverdacht gibt man reichlich Kohletabletten oder Kohlegranulat ein.

Verstopfungen

Verstopfungen sitzen bei Hunden immer im Mastdarm und im Dickdarm. Das Dünndarmabführmittel Rizinusöl wirkt also entweder wie eine Handgranate oder gar nicht. Am besten sind ein Seifenzäpfchen, das in den After eingeführt wird, oder ergiebige Einläufe mit lauwarmem Wasser. Sonst gibt man die bei den meisten Hunden abführende Milch und gleitende Abführmittel wie z. B. Paraffinöl oder Olivenöl.

Nierenkranke Hunde

Nierenkranke Hunde trinken viel, manchmal Riesenmengen. Das ist zwar krankhaft, aber in dieser Situation für ihren Stoffwechsel nötig. Man darf also nicht die Flüssigkeitsmenge gewaltsam einschränken, allenfalls darf man abends etwas bremsen, um die Nachtruhe zu erhalten. Sehr nützlich dagegen ist es, statt des Wassers oder einer anderen Flüssigkeit als ausschließliches Getränk einen Nierentee zu geben, den man wegen der fehlenden Einsicht unseres Vierbeiners in einer möglichst wohlschmeckenden Variante kauft und dünner als für Menschen kocht. Bei Blasenkrankheiten gilt das gleiche für Blasentee sinngemäß. Auf die Bedeutung einer besonderen Salzzufuhr bei fast allen Nierenkrankheiten der Hunde haben wir schon hingewiesen. Kranke Nieren besonders alter Hunde sind sehr kälteempfindlich. Bei kurzhaarigen Hunden empfiehlt sich ausnahmsweise eine Hundedecke.

Operationswunden

Eine wichtige, häufig aber schwierige Pflegemaßnahme besteht darin, das Lecken des Hundes an Operations- und manchen anderen Wunden sowie an Hautentzündungen zu verhindern. Hunde lecken nämlich keineswegs „alles" gesund, sondern das Lecken ist eigentlich nur bei bestimmten unbehandelten und infizierten Wunden von Nutzen, wie es den Verhältnissen in der freien Wildbahn entsprechen würde.

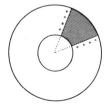 

Halskragen zur Verhütung der Selbstverletzung, aus Pappe selbst herzustellen (links flach, rechts trichterförmig)

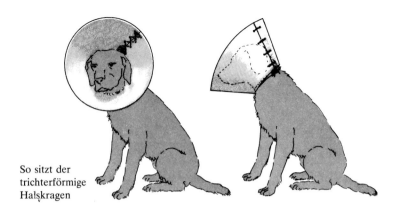

So sitzt der
trichterförmige
Halskragen

Genähte und auch sonstwie behandelte Wunden brauchen wie auch Hautentzündungen zur Heilung Ruhe und Trockenheit. Beides wird durch die ständig leckende Zunge des mit nichts anderem beschäftigten Hundes „sabotiert". Kann man die Stelle unter einem Verband verbergen, ist vieles gewonnen. Häufig steht das aber der Behandlungsweise entgegen; die Wunde braucht Luft. Je nach Lage der zu schützenden Stelle sind dann Strümpfe oder Leibwickel (luftdurchlässig) zweckmäßig oder Halskragen aus steifer Pappe, gerade oder schutenartig selbstgemacht, oder aus Plastik in verschiedenen Größen vom Tierarzt oder aus Kunststoffeimern, deren Boden man herausgeschnitten hat (s. Abb.).

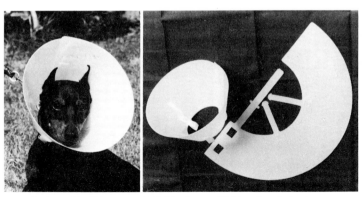

Vorgefertigter Plastikkragen, mit Schlaufen am Halsband zu befestigen

51

Seltener ist ein Maulkorb angezeigt. Er muß an seiner vorderen unteren Hälfte mit starkem Segeltuch benäht werden, damit der Hund nicht mit der Zunge hindurch kann. Manche dieser Zwangsmaßnahmen sind wenig bequem, aber wenn man damit eine Heilung in acht Tagen erreichen kann statt eines wochenlangen Krankenlagers oder gar lebensgefährlicher Komplikationen, so liegen sie doch deutlich auch im subjektiven Interesse unseres Hundes.

Erste Hilfe bei Unfällen und Verletzungen

Ruhe ist die erste Herrchenpflicht! Mag der Schreck über den Unfall noch so groß sein, durch aufgeregtes Irgend-etwas-Tun kann Schaden entstehen, der bei einiger Überlegung zu vermeiden gewesen wäre.

Angefahrene oder schwer gebissene Hunde

Ob sie nun planlos davonrasen oder liegenbleiben, sie sind durch den auch psychischen Schock oft so verwirrt, daß sie auf jede Berührung mit angstvollen, heftigen Bissen reagieren und dabei auch den eigenen Herrn in ihrer Verwirrung nicht verschonen. Man setze sich, wenn es die Situation zuläßt, erst einmal eine halbe Minute unter beruhigendem Zureden neben den Hund, nehme ihn aber nicht sofort hoch und taste nicht an ihm herum. Muß man ihn sofort transportieren, z. B. von der Straße weg, so fasse man ihn so, daß man nicht gebissen werden kann, oder binde ihm den Fang zu.

Fang zugebunden

52

Der schwerverletzte Hund muß so schnell wie möglich zum Tierarzt transportiert werden. Das ist in fast jedem Falle besser, als den Tierarzt kommen zu lassen, dessen Möglichkeiten am Ort des Geschehens leider beschränkt sind, während in seiner Praxis Einrichtung, Instrumentarium, Assistenz, Röntgenapparat, Mittel zum Blutersatz, Dauertropfeinrichtung und anderes ein zielsicheres, planvolles Arbeiten ermöglichen. Dieser Transport geschieht so schonend wie möglich, häufig können ein Brett, ein Wäschekorb oder eine Decke wie eine Trage verwendet werden. Legt man irgend etwas unter, und sei es der eigene Mantel, dann befördert auch jedes Taxi den verletzten Hund, sofern kein eigener Wagen zur Verfügung steht.

Hat ein Hund die Einwirkung stumpfer Gewalt erlitten – also Angefahrenwerden oder Sturz – und läuft danach anscheinend ganz unversehrt herum, denke man daran, daß er innere Schäden, z. B. eine Gehirnerschütterung, haben kann, und halte ihn ruhig.

Kleine Hautverletzungen

Sie heilen nicht selten ohne jede Behandlung. Sehr förderlich ist es, wenn man um die Wunde die Haare abschert, damit sie nicht mit Wundsekreten verkleben und einen dicken Filz bilden, unter dem Bakterien gedeihen und durch Eiterbildung die Wunde unnötig komplizieren. Bei Biß- und anderen Wunden, die ganz durch die Haut gehen, sind oft die Haare der Umgebung in die Wunde gedrückt. Gelingt es nicht, sie sicher zu entfernen, muß das der Tierarzt tun. Hält man es für möglich, daß Fremdkörper in die Wunde eingedrungen sind, so ist für Untersuchung und Behandlung ebenfalls der Tierarzt zuständig.

Daß man Wunden niemals auswaschen soll, dürfte jedermann bekannt sein. Ist die Wunde klein und oberflächlich, darf der Hund nach Schur der Haare sie gelegentlich belecken – tut er es ständig, muß man ihn bremsen. Erscheint sie gefährlich, dann ist die Wundtoilette Sache des Tierarztes. Feste Verbände über längere Zeiträume zur Heilung von Verletzungen sind immer falsch, weil sie den Luftzutritt hindern und in der engen Feuchte das Bakterienwachstum fördern.

Stark blutende Verletzungen

Es ist als Maßnahme der ersten Hilfe nötig, entweder das blutende Glied z. B. mit einem Gummischlauch oder Hosenträger, nicht mit Bindfaden oder gar Draht, abzubinden. Ist das nicht möglich, soll man um die Wunde selbst einen festen Notverband anlegen, notfalls aus Leinen- oder Stoffresten. Diese Ligaturen oder Druckverbände dürfen aber nur etwa eine Stunde verbleiben; dann muß der Tierarzt die blutenden Gefäße chirurgisch versorgen.

Knochenbrüche u. ä.

Benutzt ein Hund nach einem Unfall, den er sonst gut überstanden zu haben scheint, eine Gliedmaße nicht, so kann sie geprellt sein, ein Gelenk kann verstaucht oder ver(ausge-)renkt, ein Nerv gelähmt oder ein Knochen gebrochen sein. Diagnose und Behandlung obliegen dem Tierarzt. Ausgerenkte Gelenke lassen sich je eher je besser einrenken, ausgerenkte Hüftgelenke z. B. sind nach zu langer Zeit oft nur noch operativ, manchmal gar nicht mehr einzurenken.

Auch Knochenbrüche bedürfen einer Behandlung innerhalb weniger Tage, jedoch verlange man von seinem Tierarzt nicht, daß er eine Fraktur „sofort" versorge, weil Schwellungen u. a. vor Anlegen einer Schiene o. ä. erst abklingen müssen. Liegt bei einem Knochenbruch eine Verletzung der darüber liegenden Schichten vor, unter Umständen ein Bruchende frei, so handelt es sich um eine komplizierte Fraktur; dabei muß die Wundbehandlung der Frakturbehandlung vorausgehen. In jedem Falle stehen dem für die Betreuung von Hunden eingerichteten Tierarzt für die Knochenbehandlung viele moderne nichtoperative und operative Methoden zur Verfügung. Von ihnen sollen nur die Marknagelung oder die Wiederherstellung des Knochens mit Platte und Schrauben als Beispiel genannt werden. Knochenbrüche können mithin fast immer gerichtet werden. Daß ein Hund wegen eines Knochenbruchs getötet wird, sollte wirklich der Vergangenheit angehören.

Verletzungen der Wirbelsäule

Verletzungen der Wirbelsäule und des Rückenmarks können die Ursache von plötzlichen Lähmungen beider Hinterbeine oder auch aller vier Beine sein. Die gründliche Untersuchung einschließlich des Röntgens kann das Ausmaß der Verletzung und die Möglichkeit der Heilung klären. Nicht immer ist die Behandlung aussichtslos.

Beschädigungen innerer Organe

Beschädigungen innerer Organe mit oder ohne innere Blutung, aber auch Blasenrisse sollte man in Erwägung ziehen und im Zweifelsfall den Tierarzt um Rat fragen.

Hitzschlag

Ein dramatisches Ereignis, das hier erwähnt werden soll, kann ein Hitzschlag sein. Anstrengungen und Aufregung bei heißem Wetter, nach erzwungenem langen Laufen am Fahrrad, während der Jagd oder auf Hundeausstellungen, bei erzwungenem Aufenthalt im verschlossenen Auto können zu Hitzestauungen und damit zu einer „roten" Ohnmacht führen, wie man beim Menschen sagen würde. Hunde sind in dieser Hinsicht gefährdet, weil sei ja nicht schwitzen können, sondern zur Abkühlung Verdunstungskälte nur im Fang, besonders an der Zunge durch das bekannte Hecheln erzeugen können. Vordringlich betroffen von solchen Hitzestauungen sind kurzköpfige Hunde wie Englische Bulldoggen und Boxer, aber auch die lebhaften Spitze und ebenso, wenngleich weniger häufig, andere Rassen.

Die Erste Hilfe besteht im Verschaffen von Ruhe – körperlicher wie psychischer – und Kühlung. Also bringt man das Tier an einen ruhigen, kühlen, schattigen Ort, macht kalte Umschläge, besonders auf Kopf und Brust und läßt es kaltes Wasser trinken. Bei anhaltender Ohnmacht muß man unbedingt rasch den Tierarzt aufsuchen. Anregende Mittel wie Kaffee sind falsch; denn erregt sind das Tier und sein Nervensystem ohnehin. Auch der Tierarzt wird eher beruhigende als aufputschende Kreislaufmittel verwenden.

Sachregister